Una
Plenitud
Oculta

Si este libro le ha interesado y desea que lo mantengamos
informado de nuestras publicaciones, puede escribirnos a
comunicacion@editorialsirio.com,
o bien suscribirse a nuestro boletín de novedades en:
www.editorialsirio.com

Título original: A HIDDEN WHOLENESS. The Journey Toward an Undivided Life
Traducido del inglés por Roc Filella Escolá
Diseño de portada: Editorial Sirio, S.A.
Diseño de interior y maquetación: Toñi F. Castellón

©   de la edición original
    2004 de John Wiley & Sons, Inc.

    Publicado inicialmente por
    Jossey-Bass
    A Wiley Imprint
    989 Market Street, San Francisco,
    CA 94103-1741
    www.josseybass.com

    (continuación de la página de créditos en la página 324)

©   de la presente edición
    EDITORIAL SIRIO, S.A.
    C/ Rosa de los Vientos, 64
    Pol. Ind. El Viso
    29006-Málaga
    España

www.editorialsirio.com
sirio@editorialsirio.com

I.S.B.N.: 978-84-17030-40-7
Depósito Legal: MA-1431-2017

Impreso en Imagraf Impresores, S. A.
c/ Nabucco, 14 D - Pol. Alameda
29006 - Málaga

Impreso en España

Puedes seguirnos en Facebook, Twitter, YouTube e Instagram.

PARKER J. PALMER

Una
Plenitud
Oculta

El viaje hacia
una vida no dividida

EDITORIAL
SIRIO

Para
Marcy y Rick Jackson
con amor y gratitud

AGRADECIMIENTOS

Este libro recoge cuatro temas sobre los que llevo meditando desde los veintitantos años: la configuración de una vida integral, el significado de la comunidad, la enseñanza y el aprendizaje para la transformación y el cambio social no violento.

Como bien demuestran seis libros anteriores y cuarenta años dedicados a la docencia y a dar conferencias, me encanta pensar, hablar y escribir sobre estos asuntos. Pero, consciente de que las palabras pueden alejarse muy deprisa de la realidad humana, me encanta más aún darle vida al lenguaje. Así que me satisface enormemente que las palabras más importantes de este libro ya hayan cobrado cuerpo, gracias a personas inteligentes a las que tengo el privilegio de llamar colegas y amigos.

En ciudades de todo Estados Unidos, estas personas han creado enclaves en los que otras pueden incorporarse al «viaje hacia la vida no dividida». Son tantas que no las puedo nombrar a todas, pero quiero dirigirme a ellas para agradecerles su cariño, su talento y su compromiso:

- El personal y la dirección del Instituto Fetzer, por su gran apoyo al trabajo en el que se basa este libro.
- El personal y la dirección del Centro para la Formación de Profesores, que brindan a educadores y trabajadores de muchos otros ámbitos sociales la oportunidad de profundizar en su integridad personal y profesional.[1]
- Los cientos de individuos de Estados Unidos y Canadá que han seguido el programa de preparación de facilitadores del Centro y han aprendido a crear «círculos de confianza» donde se pueda iniciar un viaje interior hacia una vida «nunca más dividida».
- Los incontables educadores, filántropos, médicos, abogados, empresarios, clérigos y otros que han participado en dichos círculos, porque conocen su propia necesidad, y la del mundo, de unir de nuevo el alma y el papel que representamos en el mundo.
- El personal de Jossey-Bass y John Wiley, por su apoyo activo a este libro, y a otros afines, porque creen en el trabajo que en ellos se defiende.

Unas cuantas personas han puesto especial empeño en apoyar esta obra y a su autor. Vayan mi agradecimiento y mi cariño a todas ellas:

- Marcy y Rick Jackson, codirectores del Centro para la Formación de Profesores. Durante casi una década han dirigido el esfuerzo por crear círculos de confianza en lugares muy lejanos, siempre con habilidad, paciencia, sentido común, visión y cariño. Les dedico este libro como homenaje a su excelente trabajo, y para indicarles de nuevo lo mucho que su amistad significa para mí.

- Rob Lehman, director emérito del Instituto Fetzer y presidente de su consejo de administración. Posee una visión sólida y convincente de la importancia fundamental de unir la vida interior y la exterior. Sin su amistad y su ánimo, es muy probable que gran parte del trabajo en el que se basa este libro nunca se hubiese realizado.

- Tom Beech, director del Instituto Fetzer. Amigo al que aprecio mucho desde nuestros días en la universidad, fue uno de los primeros en abogar por el trabajo local y nacional del Centro para la Formación de Profesores. Desde que lo conozco, ha sido modelo de vida indivisa.

- David Sluyter y Mickey Olivanti, consejero y director de programas, respectivamente, en el Instituto Fetzer. Ambos me ayudaron a poner en marcha el programa de formación de profesores en los primeros años de la década de los noventa, un programa al que, desde entonces, no han dejado de ser fieles y de apoyar. Los dos son buenos amigos y colegas, y su confianza y su compañía significan mucho para mí.[2]

- A mis buenos amigos y compañeros de viaje Mark Nepo, poeta y ensayista; Chip Wood, director de un centro público de enseñanza; y Roland Johnson, abogado, que leyeron con detenimiento diversas versiones del manuscrito de este libro, una ayuda por la que les estoy sumamente agradecido.

- Earlene Bond, Ann Faulkner, Guy Gooding, Sue Jones, Elaine Sullivan y Bill Tucker, líderes del Dallas Country Community College District que han aportado la instrucción recibida en el Centro de Formación de Profesores a su trabajo en el mundo educativo.[3] Les doy las gracias por su amistad y su apoyo.

- El doctor David Leach, director ejecutivo del Accreditation Council for Graduate Medical Education, y el doctor Paul Batalden, catedrático de Pediatría y de Medicina Comunitaria y de Familia de la Dartmooth Medical School, son líderes de la transformación de la enseñanza médica y la atención sanitaria. Me han demostrado la importancia que las ideas fundamentales de este libro tienen para una profesión de la que sé muy poco, y les agradezco su ánimo y su amistad.[4]

- Sheryl Fullerton, mi editora. Tiene un gran talento para el mundo editorial y una magnífica experiencia en el misterioso arte de publicar (y vender) libros, y es, además, una gran amiga que sabe cuándo necesito que me consuelen y cuándo que me planteen un reto. Les doy las gracias a ella y a sus inteligentes colegas de Jossey-Bass y John Wiley por su enérgico trabajo para dar a luz este libro: Joanne Clapp Fullagar, Paula Goldstein, Chandrika Madhaven, Sandy Siegle y Bruce Emmer.

- Sharon Palmer es mi mejor amiga, la crítica en la que más confío y mi amor. Es la primera que lee todo lo que escribo y, dado que tiro veinte páginas por cada una que conservo, lee muchísimo. Cuando le pregunté qué busca cuando corrige, me respondió con tres preguntas: «¿Vale la pena decirlo? ¿Está dicho con claridad? ¿Está dicho de forma bella?». Esto debería explicar tanto el porcentaje de folios que desecho como mi necesidad de seguir trabajando en lo que escribo.

- Doy las gracias a Lilly Endowment, Inc., por su generoso apoyo a la producción de la *Guía del líder* y el DVD de los *Círculos de Confianza*.

∾⊙⊛∾

Hace más de veinte años, durante un curso de verano que impartí en Inglaterra, estaba hojeando un pequeño libro de poesía en una librería de Cambridge y me encontré con un breve poema, sumamente evocador, de D. M. Thomas llamado «Piedra». Lo copié y lo puse en la cartera, donde aún sigue hoy. Thomas reflexiona sobre los títulos de una serie de libros que «el poeta» va a escribir a lo largo de toda su vida, y termina con estos versos:

Está también el séptimo libro, tal vez, el séptimo,
y se llama el séptimo libro porque no está publicado,
el que el niño cree que pudiera haber escrito,
hecho de la piedra más dura y las hojas más claras,
ese por el que un pueblo se mantiene vivo, se mantiene vivo.[5]

Desde el primer momento en que leí «Piedra», sentí que el poema contenía un mensaje para mí. El año pasado, cuando de repente me di cuenta de que *Una plenitud oculta* sería mi séptimo libro, comencé a preguntarme si aquel mensaje era que no debía publicarlo. Es posible que algunos críticos deseen que hubiera llegado a esa conclusión, pero evidentemente no fue así.

«Piedra», pensé, me habla de la esperanza que me ha mantenido escribiendo cuarenta años, la esperanza de encontrar palabras que de algún modo pudieran dar vida a alguien. No sé si las palabras de este libro podrán hacer realidad dicha esperanza. Pero sí sé que el trabajo en el que se asienta —el trabajo de unir a las personas para que redescubran y reivindiquen su plenitud— me ha dado más vida que cualquier otra cosa que haya hecho en mi trayectoria profesional. Ojalá este libro reporte a quien lo lea tantos beneficios como los que yo he recibido de la fuerza vivificante y sanadora del mundo de las comunidades que acogen el alma.

NOTA PARA LOS LECTORES

Videos de *Los Círculos de Confianza:*
la obra de Parker Palmer

En esta edición de *Una plenitud oculta* te remitimos a nuestra página web http://editorialsirio.com/plenitud-oculta-una/videos donde encontrarás una serie de videos en los que se entrevista a Palmer sobre muchos de los temas del libro. Es un complemento de sumo valor para este trabajo de análisis y muy útil para presentar este trabajo a otras personas.

PRELUDIO

La ventisca del mundo

La ventisca del mundo ha cruzado el umbral
y ha revocado la orden del alma. [1]
LEONARD COHEN

Hubo un tiempo en que los granjeros de las Grandes Llanuras, a la primera señal de ventisca, tendían una cuerda desde la puerta trasera de su casa hasta el granero. Todos conocían historias de personas que habían salido a echar un vistazo y habían muerto congeladas debido a que la intensa nieve les impidió encontrar el camino de vuelta, aun estando en su propio patio trasero.

Hoy vivimos en medio de un tipo u otro de ventisca. Nos envuelve en forma de injusticia económica, desastre ecológico, violencia física y espiritual y la inevitable consecuencia de todo ello: la guerra. Se arremolina en nuestro interior como miedo y frenesí, codicia y engaño e indiferencia ante el sufrimiento de los demás. Todos sabemos de personas que se han adentrado en esta locura y se han alejado de su propia alma, perdiendo así los principios morales y hasta su vida mortal: aparecen en los titulares porque se llevan con ellos muchas vidas inocentes.

Los perdidos proceden de todos los ámbitos de la vida: clérigos y altos ejecutivos, políticos y gente de la calle, famosos y escolares. Unos tememos perdernos en la tormenta, o que se pierdan en ella nuestros seres queridos. Otros están perdidos en este momento e intentan encontrar el camino de vuelta a casa. Algunos andan extraviados sin saberlo. Y algunos se excusan con todo cinismo en la ventisca para aprovechar el caos en beneficio propio.

Así pues, poco cuesta creer la declaración del poeta de que «la ventisca del mundo» ha revocado «la orden del alma», que el alma —el núcleo vital del yo humano, con sus ansias de verdad y justicia, amor y perdón— ha perdido toda fuerza para guiar nuestras vidas.

Sin embargo, la experiencia que yo tengo de la ventisca, incluida la de perderme con más frecuencia de lo que quisiera admitir, me dice que no es así. Nunca se puede anular la orden del alma. Es posible que la nieve la difumine. Puede ser que olvidemos, o neguemos, que tenemos su orientación al alcance de la mano. Pero seguimos en las inmediaciones del alma, y una y otra vez se nos presenta la oportunidad de orientarnos de nuevo.

Este libro habla de tender una cuerda desde la puerta trasera hasta el granero para así poder encontrar el camino que nos lleve de vuelta a casa. Cuando avistamos el alma, podemos sobrevivir a la ventisca sin perder el rumbo ni la esperanza. Cuando avistamos el alma, podemos convertirnos en sanadores en un mundo herido —en la familia, en el barrio, en el trabajo y en la vida política— atendiendo a la llamada que nos alienta a regresar a nuestra «plenitud oculta» en medio de la violencia de la tormenta.

CAPÍTULO I

IMÁGENES DE INTEGRIDAD

No vivir divididos nunca más

El pino de Banks [...] no es un árbol maderero y no ganaría muchos concursos de belleza. Pero, para mí, este árbol antiguo y valiente, solitario en su peñasco, es tan hermoso como pueda ser un ser vivo. Dentro de su contorno que se recorta contra el cielo están escritas la fuerza de carácter y la perseverancia, la supervivencia frente al viento, la sequía, el frío, el calor, las enfermedades [...] En su silencio habla [...] de la plenitud [...] la integridad que nace de ser lo que uno es.[1]

DOUGLAS WOOD

EN PLENA NATURALEZA

Todos los veranos voy a Boundary Waters, un millón de acres de prístina naturaleza salvaje que bordea la frontera entre Minnesota y Ontario. Mi primer viaje, hace años, fue de vacaciones, sin más. Pero al regresar una y otra vez a ese mundo elemental de agua, roca, bosque y cielo, empecé a sentir esas vacaciones como un peregrinaje: una caminata anual hacia la tierra santa, fruto de la necesidad espiritual. La reflexión de Douglas Wood sobre el pino de Banks, un árbol originario de esa parte del mundo, pone nombre a lo que yo voy a buscar en el norte: imágenes del aspecto que tiene la vida cuando se vive con integridad.

Thomas Merton decía que «hay algo en todas las cosas [...] una plenitud oculta».[2] Pero, de vuelta en el mundo humano —donde no nos parecemos en nada a los pinos de Banks y traicionamos nuestra esencia— sus palabras a veces pueden sonar a meras ilusiones. Temerosos de que se extinga nuestra luz interior o quede patente nuestra íntima oscuridad, nos ocultamos mutuamente nuestras verdaderas identidades. Y, en este proceso, nos separamos de nuestra propia alma. Acabamos por vivir una vida dividida, tan alejados de la verdad que habita en nosotros que no podemos conocer la «integridad que nace de ser lo que eres».

Mi conocimiento de la vida dividida procede en primer lugar de mi propia experiencia: ansío la plenitud, pero parece a menudo que la división es la opción más sencilla. Una «voz suave y sosegada» dice la verdad sobre mí, mi trabajo o el mundo. La oigo, pero actúo como si no lo hiciera. Retengo un don que pudiera servir para un buen fin o me entrego a un proyecto en el que realmente no creo. Guardo silencio sobre un asunto que debería tratar o pierdo la fe en mis propias convicciones. Niego mi oscuridad interior, dándole así más poder sobre mí o la proyecto hacia otros, creando con ello «enemigos» donde no los hay.

Cuando vivo una vida escindida, pago un alto precio: me siento tramposo, angustiado por que se me pueda descubrir y deprimido por el hecho de que esté negando mi propio yo. Las personas que me rodean también pagan un precio, porque en esta situación andan por un terreno que mi división hace inestable. ¿Cómo puedo afirmar la identidad de otro si niego la propia? ¿Cómo puedo confiar en la integridad de otro si desafío la propia? Una línea de falla parte mi vida en dos, y siempre que se abre —desgajando mis palabras y mis actos de la verdad que anida en mi interior—, todo a mi alrededor se tambalea y empieza a desmoronarse.

Pero en el norte, en la naturaleza salvaje, siento la plenitud oculta «en todas las cosas». Es el sabor de las bayas silvestres, el aroma del pino bañado por el sol, la vista de las auroras boreales, el sonido del agua al lamer la orilla, las señales de una integridad de piedra eterna y más allá de toda duda. Y cuando regreso a un mundo humano efímero y escéptico, tengo nuevos ojos para la plenitud oculta en mí y mis semejantes y un corazón nuevo para amar incluso nuestras imperfecciones.

De hecho, la naturaleza siempre me recuerda que la plenitud nada tiene que ver con la perfección. El 4 de julio de 1999, un viento huracanado que se prolongó veinte minutos derribó veinte millones de árboles a lo largo de Boundary Waters.[3] Un mes después, en mi peregrinaje anual al norte, aquel desastre me impresionó e hizo que me preguntara si realmente quería volver. Y, sin embargo, desde entonces, en cada visita, me asombra cómo la naturaleza se sirve de la devastación para alentar nueva vida, curándose, poco a poco pero de forma persistente, sus propias heridas.

Plenitud no significa perfección: significa aceptar el estrago como parte integral de la vida. Saber que así es hace que confíe en que la plenitud humana —la mía, la tuya, la nuestra— no tiene por qué ser un sueño utópico, si sabemos emplear la devastación como semillero de nueva vida.

MÁS ALLÁ DE LA ÉTICA

La vida dividida tiene muchas y diversas formas. Para poner solo unos ejemplos, es la vida que llevamos cuando:

- Nos negamos a entregarnos a nuestro trabajo, reduciendo así su calidad y distanciándonos de aquellos a quienes se supone que ha de servir.
- Nos ganamos la vida en trabajos que van en contra de nuestros valores fundamentales, aunque no nos obligue a ello la propia supervivencia.
- Mantenemos situaciones o relaciones que acaban sistemáticamente con nuestro espíritu.
- Guardamos secretos en provecho propio y en perjuicio de otras personas.

UNA PLENITUD OCULTA

- Ocultamos nuestras creencias a quienes discrepan de nosotros, para evitar conflictos, enfrentamientos y cambios.
- Escondemos nuestra auténtica identidad por miedo a que nos critiquen, nos rehúyan o nos ataquen.

La división es una patología personal, pero pronto se convierte en un problema para quienes nos rodean. Es un problema para el estudiante que ha de soportar al profesor que se escuda de su desgana en el estrado y el poder. Es un problema para el paciente cuyo médico practica la indiferencia, ocultándose detrás de una fachada científica autoprotectora. Es un problema para el empleado cuyo jefe, en lugar del corazón, emplea un manual de gestión de personal. Es un problema para el ciudadano cuyos líderes políticos hablan con lengua viperina.

Mientras escribo, los medios de comunicación repiten y repiten historias de infames vidas escindidas. Gente que trabajaba en sitios como Enron, Arthur Andersen, Merrill Lynch, WorldCom y la Iglesia católica y romana, por nombrar algunos. Seguramente en algún momento oyeron una llamada interior a la integridad. Pero optaron por disociarse de su propia alma, traicionando la confianza de los ciudadanos, los accionistas y los fieles —y, con ello, convirtiendo nuestra democracia, nuestra economía y nuestra religión en instituciones menos dignas de confianza.

Estas historias particulares pronto desaparecen de las primeras páginas, pero el drama de la vida escindida es perenne y sus costes sociales, inmensos. Hace ochocientos años, el poeta Rumi, con su implacable franqueza, decía: «Si

24

estás con nosotros y no eres digno de confianza, causas un daño terrible».[4]

¿Cómo hay que entender la enfermedad de la vida dividida? Si la tratamos como un problema que hay que resolver «subiendo el listón ético» —exhortándonos los unos a los otros a saltar más alto e imponiendo el castigo más duro a quienes no lleguen a la altura—, es posible que nos sintamos más justos durante cierto tiempo, pero no arrancaremos el problema de raíz.

La vida dividida, en el fondo, no es un fracaso de la ética. Es un fracaso de la plenitud humana. El médico desdeñoso con el paciente, el político que miente a quienes lo han votado, el banquero que engaña a los pensionistas para hacerse con sus ahorros: estas personas, en su mayoría, no carecen de conocimientos ni convicciones morales. Seguro que hicieron cursos sobre ética profesional, probablemente con muy buenas notas. Pronunciaron discursos y sermones sobre cuestiones éticas y es más que probable que creyeran en sus propias palabras. Pero tenían la costumbre muy arraigada de vivir muy alejados de sus conocimientos y sus creencias.

Una historia, comentada en las noticias mientras escribo, ilustra muy bien esta costumbre. El antiguo consejero delegado de una empresa de biotecnología fue declarado culpable de tráfico de información privilegiada y condenado a siete años de cárcel, después de utilizar como testaferros a su hija y a su anciano padre, con los consiguientes problemas legales para ambos. Al preguntarle qué pensaba cuando cometía sus delitos, dijo: «Estaba ahí sentado [...] y creía que era el más honrado de todos los consejeros delegados [...] y al mismo tiempo, con una facilidad pasmosa, hacía lo que no debía y lo racionalizaba».[5]

Son palabras de un especialista en «compartimenta-ción» —una capacidad muy apreciada en muchos ámbitos laborales pero que, en el fondo, no es sino un término de muchas sílabas para referirse a la vida dividida—. Pocos somos como el consejero delegado que pronunció esas palabras, pero muchos compartimos su pericia: la desarrollamos en la escuela, donde la ética, como la mayoría de las asignaturas, se suele enseñar con métodos que ignoran por completo nuestra vida interior.

En la adolescencia y la madurez, aprendimos que el autoconocimiento cuenta muy poco para alcanzar el éxito profesional. Lo que cuenta es el conocimiento que nos capacita para manipular el mundo. La ética, enseñada en este contexto, se suma a los estudios asépticos de los grandes pensadores y sus ideas, un ejercicio más de recolección de datos que de nada sirven al corazón.

Valoro los principios éticos, claro está. Pero en una cultura como la nuestra, que devalúa o desprecia la realidad y la fuerza de la vida interior, la ética se convierte con excesiva frecuencia en un código externo de conducta, un conjunto objetivo de normas que se nos dice que hemos de seguir, un exoesqueleto moral que nos ponemos con la esperanza de que nos sostenga. El problema del exoesqueleto es muy simple: nos podemos desprender de él con la misma facilidad con que nos lo podemos poner.

También valoro la integridad. Esta palabra significa mucho más que ceñirse a un código moral: íntegro significa «que no carece de ninguna de sus partes», y la primera acepción de «integral» que nos ofrece el diccionario es «que comprende todos los elementos o aspectos de algo». Y tiene aún un sentido más profundo: la integridad se refiere a algo —como el pino de Banks o el yo humano— en su «genuino estado perfecto y no adulterado, el correspondiente a su condición original».[6]

Cuando entendemos la integridad tal como es, dejamos de obsesionarnos por códigos de conducta y emprendemos un viaje más exigente hacia la plenitud. Es entonces cuando descubrimos la verdad de las palabras de John Middleton Murry: «Para la buena persona, percatarse de que es mejor ser íntegra que ser buena significa entrar en un sendero recto y estrecho en comparación con el cual su rectitud anterior no era sino pura *licencia poética*».[7]

NO VIVIR DIVIDIDOS NUNCA MÁS

El pino de Banks «solitario en su peñasco» es una de las vistas más hermosas que conozco. Pero más hermoso aún es ver a un hombre o una mujer erguidos y con su integridad intacta. Oímos los nombres de Rosa Parks o Nelson Mandela —u otros que solo conocemos dentro de nuestro corazón agradecido— y entrevemos la belleza que se muestra cuando la persona se niega a vivir una vida escindida.

La plenitud, evidentemente, le llega con mayor facilidad al pino de Banks que al ser humano: el *Pinus banksiana* es incapaz de imaginarse inmerso en problemas, mientras que las personas estamos condenadas a la bendita conciencia y el libre albedrío, una espada de doble filo que nos divide y, a la vez, nos puede ayudar a alcanzar la plenitud. Pero optar por la plenitud, que parece algo positivo, es un empeño peligroso que nos hace vulnerables en sentidos que quisiéramos evitar.

Mientras trabajaba en este libro, la revista *Time* publicó el número especial de fin de año de 2002, en el que nombraba «Personajes del año» a Cynthia Cooper, Coleen Rowley y Sherron Watkins.[8] Se las reconocía como tales por haberse enfrentado a la corrupción, respectivamente, en WorldCom, el FBI y Enron, y por decidir «no vivir divididas nunca más». Llevaron su verdad interior al mundo exterior, reivindicaron su plenitud personal y ayudaron a la sociedad a reclamar la suya.

Lamentablemente, se trata de una valentía que no es objeto de admiración universal. Algunos de los excolegas de Sherron Watkins la criticaron e insultaron, porque pensaban que si hubiera mantenido la boca cerrada la compañía se habría salvado y ellos no habrían perdido sus empleos.[9] Muchas de las pruebas apuntan a que Enron se había convertido en una gigantesca estafa, por lo que aquellas críticas hablan menos de corporativismo que de lo impopular que puede ser la integridad: «Hay que pagar un precio –dijo Cynthia Cooper, de WorldCom–. Hubo momentos en que no podía dejar de llorar».[10]

En la avalancha de información en que estamos sumidos, los casos de Cooper, Rowley y Watkins pronto se difuminaron. Sin embargo, no puedo evitar preguntarme si el problema es realmente la sobrecarga de información, o si *quisimos* olvidar que esas tres personas normales y corrientes demostraron que es posible vivir con integridad. Que se negaran a vivir una mentira significa que los demás también lo podemos hacer, si estamos dispuestos a aceptar el reto de alcanzar la plenitud.

Pero no podemos aceptar tal desafío solos, al menos no durante mucho tiempo: necesitamos relaciones de confianza y comunidades de apoyo firmes, si no queremos desfallecer en el viaje hacia una vida indivisa. Es un camino que en algunos tramos hay que recorrer en solitario, sin duda, pero sencillamente exige un esfuerzo demasiado arduo para que se pueda transitar sin la ayuda de otros. Y, dada nuestra enorme capacidad de autoengaño, es inevitable que nos perdamos *en ruta* si no contamos con alguien que nos guíe desde fuera.

Con el paso de los años, mi propia necesidad de comunidad me ha llevado a colaborar con otras personas en la creación de enclaves donde se da este estímulo mutuo para «aunar de nuevo alma y rol». Uno de los resultados ha sido un programa nacional de retiros para educadores de centros públicos que viven a diario amenazas a su integridad personal y profesional, unas amenazas que, si no se abordan, pondrán en peligro el bienestar de nuestros niños.[11]

A medida que se fue divulgando la existencia de este programa, personas de otros ámbitos –padres y políticos, clérigos y médicos, organizadores de la comunidad y altos ejecutivos, jóvenes trabajadores y abogados– comenzaron a preguntar dónde podían obtener una ayuda parecida. Para ofrecérsela, el programa se amplió para ayudar a gente de muy diversa condición social a aportar con mayor plenitud su integridad al mundo.[12]

Así pues, este libro no es una teoría en busca de aplicaciones: los principios y las prácticas que aquí se analizan ya se han aplicado. Ahora se propone un uso más amplio, dondequiera que haya personas que deseen vivir vidas no escindidas que se unan a las necesidades del mundo. En el libro se analizan los orígenes de nuestra división y de la llamada a no vivir divididos nunca más. También se dan orientaciones para crear enclaves donde las personas se puedan ayudar mutuamente en el viaje hacia la vida no dividida.

- En el capítulo II se hace un diagnóstico de la vida dividida, se analizan sus consecuencias personales y sociales y se exponen casos para ilustrar lo que significa la integridad desde la infancia hasta la madurez.
- En el capítulo III se aportan pruebas de que llegamos a este mundo con un alma o un yo auténtico y se analiza qué ocurre cuando ignoramos, desafiamos o aceptamos nuestra propia verdad.
- En el capítulo IV se aborda una paradoja: nuestro viaje *solitario* hacia la unión del alma con nuestro rol en el mundo requiere *compañía*, una forma poco frecuente pero real de comunidad que yo denomino «círculo de confianza».
- En el capítulo V se relacionan los preparativos necesarios para que este viaje interior en comunidad nos lleve a algún lugar al que merezca la pena ir.
- En los capítulos VI, VII, VIII y IX se explican de forma detallada las prácticas precisas para crear espacios *comunitarios* donde el alma se sienta lo suficientemente segura para mostrarse e imponerse en nuestra vida.
- En el capítulo X se argumenta que los principios y las prácticas analizados en este libro nos pueden ayudar a ir por el camino de la no violencia en nuestra vida cotidiana. ¿Podemos aprender a responder a la creciente violencia de nuestro tiempo encontrando formas de estar en el mundo que respeten el alma y sirvan de inspiración? La respuesta es de suma importancia.

CAPÍTULO II

SELLAR LA GRAN DIVISIÓN

Aunar alma y rol

Como alguna vez la energía alada del deleite
te paseó por abismos oscuros de la infancia,
ahora más allá de tu propia vida construye
el gran arco de puentes no imaginados.[1]

RAINER MARIA RILKE*

---

* Traducido al castellano por Gisela Susana Reyes Torres.

LA VIDA SECRETA DEL NIÑO

El instinto de protegernos viviendo una vida dividida aparece cuando comenzamos a ver fisuras entre la radiante promesa de la vida y sus sombrías realidades. Pero en la infancia somos capaces de enfrentarnos a estos «abismos oscuros» surcándolos a bordo de la «alada energía del deleite» que a todo niño se le regala al nacer.

Esta energía procede del alma —el núcleo del ser puro que tanta inmunidad da al niño— que, como dice el poeta Rumi, está «aquí para su propia alegría»,[2] La notable resiliencia que los niños muestran a menudo, incluso ante grandes dificultades, nace de este lugar llamado alma. Y el alma anima las «vidas secretas» que muchos vivimos en la infancia, en un esfuerzo por proteger nuestro yo vulnerable de los peligros del mundo.

Mi vida secreta empezó en cuarto o quinto curso. En la escuela, en la que quería encajar bien, la gente me tenía por un niño extrovertido y seguro de sí mismo. Hacía amigos con facilidad, sabía cómo hacer reír a los demás, levantaba a menudo la mano en clase y era elegido presidente de algo con más frecuencia que Franklin D. Roosevelt. Aunque en baloncesto era incapaz de driblar sin caerme, esta misma torpeza me era de gran ayuda, porque despertaba menos recelo en los niños y más instinto maternal en las niñas.

Pero nadie imaginaba la ansiedad que el papel que representaba en público me provocaba. Al salir de la escuela, no me iba por ahí con los amigos; me escondía en mi habitación. Con la puerta cerrada a cal y canto contra el mundo, leía historias, construía maquetas de aviones o me sumergía en el reino fantástico de las aventuras de los seriales radiofónicos. Mi habitación era una celda monástica donde podía ser el yo con quien más a gusto me sentía: el yo introspectivo e imaginativo tan distinto del que con tantísima ansiedad representaba en la escuela.

Los detalles de esta historia son exclusivamente míos, pero en el fondo es la historia de muchas personas que conozco. Cuando cruzamos el valle que separa la infancia de la adolescencia —aún lo bastante cerca de nuestros orígenes para estar en contacto con la verdad interior, pero conscientes de la creciente presión de tener que representar a otro «ahí fuera»—, el auténtico yo empieza a sentirse amenazado. Para afrontar este peligro, desarrollamos una versión infantil de la vida dividida y cambiamos a diario entre el mundo público del papel que simulamos y el mundo oculto del alma.

La vida secreta de los niños ha inspirado magníficos textos literarios, evidentemente. En el clásico de C. S. Lewis *Las crónicas de Narnia*, leíamos sobre un armario mágico a través del cual Peter, Susan, Edmund y Lucy pasaban de su aburrida existencia en la campiña inglesa a un universo paralelo de luz y sombra, de misterio y exigencia moral, y se enfrentaban a los desafíos monumentales y tonificantes del viaje interior.[3]

Nunca he dudado de la verdad de los cuentos de Narnia: aquel armario mágico estaba también en mi habitación.

Pero cuando pasamos de la literatura a la vida, esta encantadora característica de la infancia desaparece pronto, y es reemplazada por una patología adulta. A medida que el mundo exterior se hace más exigente —un mundo que hoy presiona a los niños a una edad demasiado temprana—, dejamos de ir a nuestra habitación, cerrar la puerta, entrar en el armario y adentrarnos en el mundo del alma. Y cuanto más nos acercamos a la madurez, más reprimimos la imaginación que el viaje requiere. ¿Por qué? Porque imaginar otras posibilidades para nuestra vida nos recordaría la dolorosa brecha que separa aquello que de verdad somos del papel que representamos en el llamado mundo real.

A medida que nos vamos obsesionando por triunfar o, al menos, sobrevivir en ese mundo, perdemos contacto con nuestra alma y desaparecemos en el rol que desempeñamos. El niño que guarda un secreto inocuo fuera de la escuela se convierte en un adulto enmascarado y con la armadura puesta, con las consiguientes consecuencias para sí mismo, los demás y el mundo en general. Es un precio que hay que pagar que muchos podríamos reconocer perfectamente:

- Tenemos la sensación de que nos falta algo en la vida, algo que buscamos por todas partes, sin entender que lo que nos falta somos nosotros mismos.
- Nos sentimos falsos, incluso invisibles, porque no estamos en el mundo tal como somos realmente.
- La luz que hay en nuestro interior no puede iluminar la oscuridad del mundo.

- La oscuridad que hay en nuestro interior no puede ser iluminada por la luz del mundo.
- Proyectamos nuestra oscuridad interior sobre los demás, convirtiéndolos en «enemigos» y haciendo del mundo un lugar más peligroso.
- Nuestra falta de autenticidad y nuestras proyecciones imposibilitan las relaciones y nos llevan a la soledad.
- Nuestras aportaciones al mundo, en especial a través del trabajo que realizamos, están contaminadas por la duplicidad y la falta de la fuerza vivificante del auténtico yo.

No son estas exactamente las señales de una vida bien vivida. Por desgracia, no son infrecuentes entre nosotros, en parte porque la división que las crea cuenta con la entusiasta recomendación de la cultura popular. «No vayas con el corazón en la mano» y «Guárdate bien las cartas» son solo dos ejemplos de que desde una temprana infancia se nos dice que la vida sana y segura es la que se vive «enmascarado y con la armadura puesta».

Pero nuestra cultura tiene su envés. Cuanta más división vemos los unos en los otros, menos seguros nos sentimos. Todos los días, al interactuar con la familia, los amigos, los conocidos y los extraños, nos preguntamos si «lo que vemos es lo que hay». Y todas esas otras personas se preguntan lo mismo sobre nosotros. Recelar de la coincidencia entre nuestro aspecto exterior y nuestra realidad interior es una de las formas más antiguas de nuestra especie de buscar la seguridad en un mundo peligroso.

«¿Esta persona es realmente como parece ser?» Los hijos se lo preguntan sobre sus padres, los alumnos sobre sus profesores, los empleados sobre sus jefes, los pacientes sobre sus médicos y los ciudadanos sobre los líderes políticos. Cuando la respuesta es afirmativa, nos relajamos, pensamos que estamos en presencia de la integridad y nos sentimos lo bastante seguros para entregarnos a la relación y a todo lo que la rodea.

Pero cuando la respuesta es que no, se nos disparan las alarmas. No sabemos con quién o qué tratamos y nos sentimos inseguros, por lo que nos acuclillamos en una madriguera psicológica y evitamos invertir nuestra energía, nuestro compromiso y nuestras dotes. El alumno se niega a asumir los riesgos que implica el aprendizaje, el empleado no pone el corazón en el trabajo, el enfermo no puede colaborar con el médico en su propia curación y el ciudadano se desentiende del proceso político. La incoherencia percibida entre el interior y el exterior –la falta de autenticidad que notamos en los demás, o que los demás notan en nosotros– nos socava permanentemente la moral, las relaciones y la vida laboral.

Ir «enmascarado y con la armadura puesta» *no* es una forma sana y segura de vivir. Si lo que representamos está profundamente conformado por lo que anida en nuestra alma, el nivel de salud y seguridad sube de forma espectacular. El profesor que comparte su identidad con los alumnos es más eficiente que el que les lanza trivialidades parapetado detrás de un muro. El jefe que se rige por la autenticidad personal consigue que el empleado trabaje mejor que el que se ciñe a un guion. El médico que se implica personalmente en su práctica consigue curar más que el que mantiene las distancias con el paciente. El político que aporta la integridad personal al liderazgo contribuye a generar la confianza popular que distingue la democracia auténtica de las imitaciones baratas.

UNA MADUREZ PLENA

La vida dividida puede ser endémica, pero siempre es posible la plenitud. Una vez que he visto mi escisión, ¿sigo viviendo una contradicción, o intento armonizar de nuevo mis mundos interior y exterior?

La bondad de «ser pleno» es evidente por sí misma, así que parece que la respuesta debería ser clara. Sin embargo, como bien sabemos, no lo es. Una y otra vez optamos por la no plenitud y adoptamos un conocido patrón de evasión:

- En primer lugar está la negación: «Es evidente que lo que he visto sobre mí no puede ser verdad».
- En segundo lugar vienen las dudas: «La voz interior habla muy bajo, y la verdad es algo muy sutil y escurridizo; ¿cómo, pues, puedo estar seguro de lo que me dice el alma?».
- A continuación viene el miedo: «Si dejo que esta voz interior dicte cómo ha de ser mi vida, ¿qué precio tendría que pagar en un mundo que a veces castiga la autenticidad?».
- Luego llega la cobardía: «La vida dividida puede ser destructiva, pero al menos conozco el terreno, mientras que lo que haya más allá es *terra incognita*».
- Después viene la avaricia: «En algunas situaciones, se me recompensa por reprimir el alma».

Este patrón de autoevasión es persistente y poderoso. Pero la que sigue es la historia real de alguien que encontró el coraje de romperlo y aceptar su propia verdad.

Ocurrió en un retiro que organicé para unos veinte funcionarios de Washington. Todos habían decidido trabajar para el Estado animados por el principio del servicio público, todos habían vivido dolorosos conflictos entre sus valores y la política del poder y todos buscaban ayuda para el viaje hacia una vida «nunca más dividida».

Uno de los asistentes llevaba diez años trabajando en el Departamento de Agricultura de Estados Unidos, después de haberlo hecho como agricultor en el noreste de Iowa. En aquel momento tenía sobre la mesa una propuesta relacionada con la conservación de la capa superior del suelo en el Medio Oeste, el mantillo con el que están acabando a gran velocidad prácticas agrícolas empresariales que valoran más los beneficios a corto plazo que la salud de la tierra. Su «corazón de agricultor», decía, sabía cómo había que organizar la propuesta. Pero su instinto político le advertía de que seguir lo que el corazón le dictaba le plantearía enormes problemas con su superior inmediato.

El último día de nuestro encuentro, por la mañana, aquel hombre, con cara de no haber dormido, nos contó que en su noche de insomnio había visto con claridad que debía regresar a su despacho y seguir lo que su corazón de agricultor le decía.

Después de un atento silencio, alguien le preguntó:

—¿Cómo te las vas a apañar con tu jefe, dada su oposición a lo que pretendes hacer?

—No será fácil –replicó aquel agricultor reconvertido en burócrata–. Pero en este retiro me he acordado de algo importante: no rindo cuentas al jefe. Se las rindo a la Tierra.

Es una historia real, de modo que no puedo inventarme un final feliz. No sé si aquel hombre volvió al trabajo e hizo lo que dijo que iba a hacer; es muy posible que al llegar a casa flaqueara en su decisión. Y aun en el caso de que se hubiese mantenido firme, el mantillo de los campos de cultivo del Medio Oeste está aún por salvar; la política es demasiado compleja para que un momento de verdad de una persona la pueda redirigir. Aquel hombre inició un peregrinaje a la naturaleza salvaje del corazón humano, y no puedo asegurar que esa aventura resolviera sus problemas con el mantillo, más de lo que mi peregrinación a Boundary Waters soluciona mis problemas o los del mundo.

Pero *sí* puedo asegurar que siempre que entramos en contacto con la verdadera fuente que llevamos dentro se genera un beneficio moral para todos los implicados. Aunque no podamos seguir totalmente sus orientaciones, nos colocamos un poco más en esa dirección. Y la próxima vez que estemos en conflicto entre la verdad interior y la realidad exterior, será más difícil olvidar o negar que tenemos un maestro interior que quiere reivindicar nuestra vida.

A medida que dentro de nosotros crece esta conciencia, nos unimos al potencial de cambio personal y social que, en palabras de Václav Havel –arquitecto de la Revolución de Terciopelo, antiguo presidente de Checoslovaquia y buscador de la integridad personal–, está «oculto en todo el conjunto de la sociedad». Este potencial, asegura Havel, se encuentra en «todo aquel que vive en la mentira y que en cualquier momento puede ser sacudido [...] por la fuerza de la verdad».[4]

La vida dividida es una vida herida, y el alma no deja de llamarnos a que curemos esa herida. Pero nosotros ignoramos dicha llamada e intentamos aliviar el dolor con el anestésico de turno, sea el abuso de sustancias tóxicas, la adicción al trabajo, el consumismo o el ruido insensato de los medios de comunicación. Son anestésicos de los que es difícil huir en una sociedad que quiere que sigamos divididos e *inconscientes* de nuestro dolor, porque la vida dividida que para la persona puede ser patológica les resulta muy útil a los sistemas sociales, en especial cuando se trata de funciones de dudosa moralidad.

Cuando el hombre que trabaja en el Departamento de Agricultura se aleja de su alma, favorece al *lobby* empresarial agrícola en lugar de a la Tierra. Pero cuando ese hombre, o cualquiera de nosotros, une de nuevo alma y rol, a la institución en la que trabaja le es un poco más difícil saquear otro ecosistema para satisfacer la codicia empresarial, atormentar a otros miles de pobres trabajadores para obtener los mejores beneficios para los más poderosos o aprobar otra «reforma» del estado de bienestar que deja a las madres solteras o a sus hijos peor de lo que estaban.

Naturalmente, si empieza a «rendirle cuentas a la Tierra», es posible que pierda muchos puntos ante su jefe. Es muy probable que le digan que vuelva a su puesto o, de lo contrario, perderá poder y hasta el empleo: es bien sabido que las instituciones castigan a quienes viven una vida íntegra.

Nadie quiere sufrir el castigo que se impone al que se niega a seguir viviendo dividido. Pero no puede haber mayor sufrimiento que vivir en una eterna mentira. Cuando nos vamos acercando más a la verdad que anida en nuestro interior —conscientes de que al final lo más importante es saber que fuimos fieles a nosotros mismos—, las instituciones empiezan a perder su dominio sobre nuestra vida.

Esto no significa que debamos abandonarlas. De hecho, cuando vivimos de acuerdo con el mandato del alma, obtenemos el coraje para servir a las instituciones con mayor lealtad, para ayudarlas a oponerse a la tendencia a incumplir sus propios propósitos. Si aquel hombre actuó al dictado de su «corazón de agricultor», no renegó de las obligaciones institucionales, sino que las asumió más plenamente, contribuyendo así a que el departamento retomara sus elevados objetivos.

Aunar alma y rol no es tarea fácil. El poeta Rilke —que en los versos con que se abre este capítulo habla de la «energía alada del deleite» de la infancia— dice, en la última estrofa del mismo poema, sobre las exigencias de la madurez:

> Toma tus poderes maestros
> y despliégalos hasta que cubran
> el abismo existente entre dos contradicciones [...]
> Porque el dios quiere conocerse a sí mismo en ti.[5]*

Vivir una vida integral en la madurez es mucho más angustioso que recuperar la capacidad de la infancia de pasar de un mundo al otro. Cuando somos adultos, tenemos que alcanzar una compleja integración que abarque las contradicciones entre la realidad interior y la exterior, que sustente tanto la integridad personal como el bien común. No, no es tarea

---

* Traducido al castellano por Gisela Susana Reyes Torres.

fácil. Pero, como apunta Rilke, con ella ofrecemos a la vida del mundo lo que de sagrado hay en nuestro interior.

LA FALSA COMUNIDAD

¿Cómo adquiere la plenitud el yo dividido? Las preguntas de «¿cómo hacerlo?» son un lugar común en nuestra cultura pragmática, como lo son las respuestas mecánicas que suelen generar: «Aquí tiene usted un programa de diez pasos que puede seguir en su propia casa —o mientras vuela de Nueva York a Los Ángeles— para alcanzar una vida no dividida. Haga estos ejercicios, y su vida se transformará».

Las soluciones de este tipo son, evidentemente, remedios de charlatán. La mentalidad del arreglo inmediato que impera en nuestro mundo impaciente solo sirve para distraernos del siempre inconcluso viaje hacia la plenitud. Y los métodos de autoayuda tan populares en nuestro tiempo, el mejor de los cuales nos ofrece ayuda para este viaje, a veces refuerzan la gran ilusión americana de que lo podemos realizar siempre solos.

La soledad es, claro está, esencial para la integración personal: en el paisaje de nuestra vida hay lugares a los que nadie nos puede acompañar. Pero somos criaturas sociales que nos necesitamos mutuamente —y, abandonados a nuestros propios recursos, tenemos una capacidad inagotable para autoengañarnos y para replegarnos en nosotros mismos—, por lo que la comunidad es igualmente fundamental para unir nuestra alma y nuestro rol público.

La historia de aquel burócrata que había sido agricultor es un caso ilustrativo. Es evidente que su viaje tenía una parte de solitario. Llevaba semanas rumiando su problema en privado, y la luz se le hizo en las profundidades de una noche de insomnio, uno de los momentos más solitarios que conocemos. Pero, sin el tipo de comunidad que tenía a su alrededor en aquel retiro, es probable que no hubiera visto esa luz: para evitar rumiar inevitablemente su dilema, necesitaba otras personas en cuya presencia pudiera hablar su alma.

A este tipo de comunidad, la que sabe aceptar el alma y nos ayuda a escuchar su voz, la llamo «círculo de confianza».[6]

Reunirse en círculos es una práctica ancestral que hoy revive. Tenemos círculos de diálogo para mejorar la comunicación, círculos de resolución de conflictos para negociar, círculos terapéuticos para analizar nuestras emociones, círculos de resolución de problemas para desentrañar cuestiones difíciles, círculos de formación de equipos para apoyar una buena causa y círculos de aprendizaje colaborativo para profundizar en nuestra formación. Todos tienen objetivos loables, pero ninguno el particular del círculo de confianza: crear un entorno seguro para que se muestre nuestra alma y nos oriente.

Algunos círculos son inseguros para el alma, un hecho que descubrí con mucho dolor en mis años de estudiante en Berkeley en la década de los sesenta. Como muchos estadounidenses de la época, estaba intentando descubrir mi vida interior con la esperanza de poder aplicar su fuerza a múltiples males sociales. En ese proceso, me encontraba a veces sentado en círculo con personas que analizaban ideas, tramaban una revolución, hacían terapia de grupo de aficionados o destilaban una alocada mezcla de todo ello.

Al principio, aquellas reuniones me fascinaron. Crecí en los estoicos años cincuenta, cuando siempre nos sentábamos en fila, por lo que los círculos de Berkeley se me antojaban exóticos, vigorizantes y estimulantes. Pero aquella fascinación pronto se desvaneció. La mayoría de aquellos círculos no dejaban de dar vueltas y vueltas, sin llevarnos a ninguna parte. Algunos eran ejercicios apenas disimulados de narcisismo y exagerado autoelogio. Y otros, sencillamente, eran inseguros: el grupo manipulaba, y a veces atropellaba a sus componentes.

No todos los círculos respetan el alma: algunos la ofenden y la invaden. Pienso, por ejemplo, en los llamados «grupos T» o grupos de encuentro que proliferaron en los años sesenta. La norma básica de esos círculos es que cada participante esté «dispuesto a desvelar los sentimientos que, en ese momento, pueda tener sobre los otros miembros del grupo y a pedirles a los demás la opinión que les merece».[7]

La aceptación de tal norma y su práctica pueden propiciar una excesiva franqueza emocional. Franqueza que la gente lamenta cuando descubre lo pasajeros y poco fiables que pueden ser los sentimientos de «ese momento». Puede haber situaciones en que sea útil evocar un sentimiento momentáneo. Sin embargo, los «grupos T» no acogen, ni en el mejor de los casos, al alma, que desconfía de la confrontación, porque su dinámica es mucho más profunda que la de los sentimientos episódicos.

Todavía hoy se pueden encontrar círculos que asustan al alma, no solo en lo que pueda quedar de la contracultura, sino en el corazón de nuestras instituciones dominantes. Hablaba en cierta ocasión con un ejecutivo de una empresa de

Fortune 500[*] que intentaba cambiar la cultura corporativa. Su empresa, decía, estaba «allanando la organización» con la esperanza de que así funcionara mejor. Se habían retirado de las paredes los esquemas del poder jerárquico. Ahora, en lugar de una pirámide, había círculos donde los altos ejecutivos hablaban con los trabajadores de planta para compartir información, definir problemas y tomar decisiones.

Pero aquel ejecutivo y algunos de sus colegas habían empezado a comprender que muchas personas participaban en aquellos círculos «igualitarios» sin abandonar el espíritu jerárquico. Así describía la situación:

—A un lado del círculo se sienta un director, que con su actitud da a entender: *De acuerdo. Voy a jugar un rato a este juego. Pero cuando llegue la hora de la verdad, yo soy el que sabe y al que se le paga para que decidamos lo más conveniente. Cuando vuelva al despacho, encontraré la forma de darle la vuelta a lo que este grupo pueda haber dicho. Jugaré al juego del círculo, pero no me voy a entregar a él.*

»Al mismo tiempo, al otro lado del círculo se sienta un operario, que sin palabras dice: *De acuerdo, voy a jugar un rato a este juego. Pero la nómina no cubre que me tenga que preocupar por cuestiones de este tipo. Lo único que quiero es hacer mi trabajo e irme a casa, donde tengo una vida, sin tener que llevarme el trabajo conmigo. Además, a los directores ya se les ocurrirá cómo resolver todo esto. Jugaré al juego del círculo, pero no me voy a entregar a él.*

Y aquel ejecutivo siguió diciendo:

—Si somos incapaces de abordar estos asuntos internos, tendremos que volver a colgar los esquemas piramidales,

[*] La lista *Fortune 500* es una lista publicada de forma anual por la revista *Fortune* que presenta las 500 mayores empresas estadounidenses de capital abierto a cualquier inversor.

porque representan lo que ocurre en esta empresa más fielmente que nuestro pequeño juego de los «círculos». Mientras simulemos ser algo que no somos, el trabajo no mejorará, y hasta es posible que empeore.

Aunque no estuvieras en Berkeley en los años sesenta y los «grupos T» no sean lo tuyo, es posible que hayas participado sin querer en este tipo de farsa que acabo de describir, que tan habitual se ha hecho en muchos entornos laborales. Podemos colocar las sillas en círculo, pero mientras estén ocupadas por personas que se rigen por una jerarquía interior, el propio círculo tendrá una vida dividida, será una forma más de «vivir en la mentira»: una falsa comunidad.

LA AUTÉNTICA COMUNIDAD

Cinco años después de abandonar Berkeley, me vi de nuevo sentado en círculo. Esa vez era en Pendle Hill, una comunidad cuáquera de aprendizaje vivo situada cerca de Filadelfia, en la que, desde mediados de los setenta, pasé siete años. Pero pronto me di cuenta de que esos círculos eran de otro tipo. No se te subían a la cabeza, no eran agresivos, manipuladores ni se entregaban al autoelogio. Trataban a las personas y el mundo con educación, respeto y consideración, y poco a poco me cambiaron la vida.

En esos discretos círculos cuáqueros, los participantes no se entregaban ni a la psicoterapia de aficionados ni a la falsa política que yo había vivido en Berkeley. Al contrario, hacían terapia y política bien entendidas: adentrándose en su propia plenitud, saliendo en busca de las necesidades del mundo e intentando vivir la vida en el punto intermedio.

En esos círculos vi cuestionar, pero nunca percibí que se le hiciera daño a nadie. Fui testigo de más transformaciones personales de las que había presenciado con anterioridad, y vi también a más gente que asumía sus responsabilidades sociales. Fue allí donde empecé a entender por qué los cuáqueros, que siempre han sido pocos, han estado exageradamente presentes en los grandes debates sociales de su tiempo.

Los círculos de confianza que viví en Pendle Hill son una forma poco frecuente de comunidad que ayuda en la búsqueda individual de la integridad, más que suplantarla, y que está enraizada en dos ideas básicas. En primer lugar, todos poseemos un maestro interior cuya orientación es más fiable que todo lo que podamos obtener de una doctrina, una ideología, un sistema colectivo de creencias, una institución o un líder. En segundo lugar, todos necesitamos a otras personas que nos inviten a distinguir la voz de nuestro maestro interior y la amplifiquen, al menos por tres razones:

- El viaje hacia la verdad interior es demasiado fatigoso para hacerlo solo: si no cuenta con ayuda, el viajero solitario pronto se agota o se asusta, y lo más probable es que desista.
- El camino discurre oculto a demasiada profundidad para recorrerlo sin compañía: para hallarlo necesitamos pistas que son sutiles y a veces equívocas, así como el discernimiento que solo el diálogo puede propiciar.
- El destino es demasiado abrumador para alcanzarlo solos: necesitamos la comunidad para tener la valentía de aventurarnos en las tierras extrañas a las que el maestro interior nos pueda llamar.

Quiero detenerme un momento en esta palabra, *discernir*, que significa «distinguir entre dos cosas». Pienso de nuevo en *Las crónicas de Narnia*, de C. S. Lewis, esa tierra interior a la que los niños acceden por la parte posterior del armario mágico. Hay en Narnia muchas cosas buenas y hermosas, en especial la voz de la verdad —la voz de Aslan, el gran león— que a veces allí se oye. Pero también hay otras voces, las voces de la tentación, el engaño, la oscuridad y el mal. Se necesitan cuatro niños, toda una diversidad de guías y siete volúmenes de dificultades y peligros para cribar toda esta mezcla de mensajes y viajar hacia la verdad.[8]

De vez en cuando oigo decir a la gente: «El mundo es tan confuso que solo encuentro claridad si me repliego en mi interior». Yo, para empezar, creo que dentro hay, como mínimo, la misma confusión que «ahí fuera» —normalmente, mucho más— y creo que lo mismo le sucede a la mayoría de la gente. Si nos perdemos en Nueva York, podemos comprar un plano, preguntar a alguien o buscar un taxista que conozca el camino. La única guía que podemos conseguir en el viaje interior procede de las relaciones en las que el otro nos ayuda a discernir la dirección.

Pero el tipo de comunidad que descubrí en Pendle Hill no trata de discernir *por* nosotros, como a veces sucede en las comunidades: «Cuéntanos cuál es tu versión de la verdad, y te diremos si estás en lo cierto o equivocado». En lugar de esto, un círculo de confianza nos sitúa en un espacio en el que podemos llegar a nuestros propios discernimientos, a nuestro ritmo y a nuestro modo, ante la presencia alentadora y estimulante de otras personas.

El burócrata que fue agricultor fue al retiro con otros individuos de parecido estilo de vida que, sin duda, le podrían haber aconsejado sobre su dilema. Pero en ese momento de su viaje —un momento en que era fundamental que se tomara en serio a su propia alma— necesitaba personas dispuestas a abstenerse de dar consejos. Necesitaba personas que supieran invitar a hablar a su alma y permitir que él escuchara.

Por fortuna, aquellos con los que se sentó, guiados por los principios y las prácticas propios de un círculo de confianza, nunca intentaron «enderezarlo». Al contrario, crearon un espacio comunal a su alrededor donde pudiera distinguir la voz interior de la verdad de la voz interior del miedo. Y cuando dijo la verdad que oyó en su interior, esas personas fueron testigos del autodescubrimiento de aquel hombre, de cómo había encontrado el foco para vislumbrar su verdadero Ser y de su firme decisión de seguir a su maestro interior.

La que sigue es una historia sobre lo que puede ocurrir cuando una comunidad acoge al alma. En un círculo que organicé, había un buen hombre que había sido víctima del racismo. En el transcurso de nuestro retiro de tres días, solo habló una o dos veces. Pasaba la mayor parte del tiempo en silencio —me pareció que su rostro reflejaba un dolor profundo—. Era afroamericano en un grupo predominantemente de caucásicos, por lo que me daba miedo que padeciera en cierto modo por culpa nuestra.

Estuve esos tres días preocupado por la posibilidad de que aquel hombre se sintiera extraño incluso allí, en un círculo que se suponía seguro. Pero siguiendo las normas básicas de esta forma de comunidad, ni yo ni nadie intentamos «arreglarlo». En su lugar, nos mostramos escrupulosamente respetuosos con él y con su alma, aunque nos hizo falta mucha fuerza de voluntad para reprimirnos de ofrecerle algún tipo de consuelo.

El último día del retiro me levanté temprano. Me senté en la sala común con una taza de café y me puse a leer el diario que el personal del centro de retiro dejó allí para que los participantes comentaran sus experiencias. En la última página, encontré estas palabras, garabateadas con fuerza, firmadas por el hombre que tanto me preocupaba:

Gracias por ayudarme a ocuparme de parte de mi ira. La vida es demasiado corta para andar por un camino lleno de espinas. No estoy curado del todo, pero el proceso ha comenzado. Quiero devolver el cariño y el cuidado que se me dieron. Este retiro ha hecho que me enfrente a mis fantasmas. Vivía con la sensación de estar siempre en una fosa. Ahora que la curación ha empezado, me siento fuerte y capaz por primera vez de sentir cierta paz.[9]

Al leer estas palabras, me di cuenta de que, en los tres últimos días, aquel hombre había estado hablando con su maestro interior, profundizando en ese diálogo mucho más de lo que pudiera haberlo hecho de haber hablado con nosotros. Una vez más me sentía enormemente agradecido a los círculos que viví por primera vez en Pendle Hill: agradecido por lo que me enseñaron sobre la realidad y el poder del alma, sobre una forma de estar juntos que permite que el alma nos reclame la vida y sobre los milagros que se producen cuando así lo hacemos.

Si queremos renovarnos y renovar el mundo, necesitamos muchos más círculos de este tipo, donde quienes trabajan en una gran empresa puedan reconocer el secreto oculto a plena vista, donde un confuso agricultor convertido en burócrata pueda recordar que rinde cuentas a la tierra, donde alguien herido por el racismo pueda dar un paso hacia la curación. Necesitamos más y más círculos desde los que podamos regresar al mundo menos divididos y más conectados con nuestra alma.

Los círculos descritos en este capítulo estaban compuestos por entre diez y treinta personas. Pero un círculo de confianza no se define por la cantidad de miembros que lo forman, sino por la naturaleza del espacio que crea entre ellos. Diana Chapman Walsh, rectora del Wellesley College, una líder cuya integridad admiro profundamente, habla de los «círculos» a pequeña escala que ella reúne para mantener su propio sentido de plenitud en un trabajo complejo y estresante como el suyo: «Me reúno [...] con personas que sacan mi mejor yo, amigos con quienes puedo mostrarme [...] tal como soy [...] Me esfuerzo por conectar, siempre que sea posible, con personas con las que comparto una historia de alegría común y de dolor común [...] personas que me producen esta sensación de seguridad».[10]

Dondequiera que se reúnan dos o tres personas se puede formar un círculo de confianza, siempre y cuando estas personas sepan crear y proteger un espacio para el alma.

¿Qué ocurre exactamente en un círculo de confianza que propicia un viaje interior al hacer que el alma se sienta segura? A lo largo de este libro se responde esta pregunta de forma minuciosa. Pero las prácticas que componen un círculo de confianza tendrán poco sentido si no entendemos los dos principios básicos en los que se asientan: el alma o el verdadero yo es real y poderoso y el alma solo se puede sentir segura en relaciones que tengan unas determinadas cualidades. Los dos capítulos siguientes tratan de estos dos principios.

CAPÍTULO III

EN BUSCA DEL VERDADERO YO

Las indicaciones del alma

Porque tú formaste mis entrañas. Tú me hiciste en el vientre de mi madre [...] maravillosas son tus obras [...] Y mi alma lo sabe muy bien.

SALMO 139, 13-14

EL ADN ESPIRITUAL

La mejor fuente para hablar del «verdadero yo» son los niños, porque disponen aún de los dones que se les dio al nacer. Por esto empiezo este capítulo con otra reflexión sobre la infancia, No obstante, en lugar de volver la vista a mi propia infancia, como hice en el capítulo II, quiero fijarme en los primeros años de otra persona desde el punto de observación privilegiado que me proporcionan mis más de sesenta años.

Cuando nació mi primera nieta, vi en ella algo en lo que no reparé en mis propios hijos unos veinticinco años antes, cuando era demasiado joven y estaba demasiado absorto en mí para reparar muy bien en nadie, ni siquiera en mí mismo. Lo que vi era claro y simple: mi nieta llegó a este mundo como *cierto* tipo de persona, y no como *ese, aquel* o *aquel otro.*

De niña, por ejemplo, casi siempre estaba tranquila y atenta, asimilando en silencio todo lo que ocurría a su alrededor. Parecía como si lo «entendiera» todo: soportando las tragedias de la vida, disfrutando de sus alegrías y esperando pacientemente el día en que pudiera hablar de todo ello. Hoy, con sus habilidades verbales bien desarrolladas, se ha convertido en una adolescente «madura» y en una de mis mejores amigas.

En mi nieta observé realmente algo en lo que en su momento solo pude creer gracias a la fe: nacemos con una semilla de identidad propia que contiene el ADN espiritual de nuestra singularidad: un conocimiento codificado que se nos da al nacer sobre quiénes somos, por qué estamos aquí y cuál es nuestra relación con los demás.

Es posible que con el paso de los años abandonemos este conocimiento, pero él nunca nos deja. Me parece fascinante que los ancianos, que suelen olvidar muchas cosas, puedan recuperar recuerdos vívidos de la infancia, de aquel tiempo de su vida en que eran ellos mismos. Retroceden a su naturaleza de nacimiento con la esencia duradera del yo que llevan consigo: una esencia hecha más visible, tal vez, gracias a que en el proceso de envejecer nos desprendemos de todo aquello que no nos es realmente propio.

Es el núcleo de nuestra humanidad, la esencia que los filósofos se afanan en definir, aunque a mí no me obsesione la precisión. Thomas Merton lo llama el verdadero yo. Los budistas, la naturaleza espiritual o el gran yo. Los cuáqueros, el maestro interior o la luz interior. Los judíos hasídicos, la chispa de lo divino. Los humanistas, identidad e integridad. En el habla popular, se suele denominar alma. Y en este libro lo iré designando con la mayoría de estos nombres.

Me importa poco *cómo* lo denominemos, ya que los orígenes, la naturaleza y el destino de llamémoslo-como-lo-llamemos siempre se nos ocultan y nadie puede afirmar con razón que conoce su verdadero nombre. Pero sí importa mucho *aquello* que nombramos. Porque «aquello» es la realidad objetiva y ontológica del yo que evita que nos reduzcamos a nosotros mismos, o unos a otros, a mecanismos biológicos, proyecciones psicológicas, constructos sociales o materia prima para fabricar cualquier cosa que la sociedad pueda necesitar: reducciones de nuestra humanidad que ponen en permanente peligro la calidad de nuestra vida.

«Nadie sabe qué es el alma –dice la poetisa Mary Oliver–; va y viene/como el viento sobre el agua».[1] Pero, del mismo modo que podemos nombrar las funciones del viento, podemos nombrar las funciones del alma sin dar por supuesto que vamos a penetrar en su misterio:

- El alma quiere mantenernos enraizados en el suelo de nuestro propio ser, resistiendo la tendencia de otras facultades, como el intelecto y el ego, a arrancarnos de donde estamos.
- El alma quiere mantenernos conectados con la comunidad en que hallamos la vida, porque entiende que, si queremos prosperar, son necesarias las relaciones.
- El alma quiere decirnos la verdad sobre nosotros mismos, nuestro mundo y la relación entre ambos, sea una verdad cómoda o dura de oír.
- El alma quiere darnos vida, un don que desea que transmitamos a sucesivas generaciones, para ser dadores de vida en un mundo que se ocupa demasiado de la muerte.

Todos llegamos a la Tierra con el alma en perfectas condiciones. Pero a partir del momento en que nacemos, el alma, o verdadero yo, es asaltada por fuerzas deformadoras interiores y exteriores: por el racismo, el sexismo, la injusticia económica y otros cánceres sociales; por los celos, el resentimiento, la falta de seguridad en uno mismo, el miedo y otros demonios de la vida interior.

Casi todos podemos hacer una larga lista de enemigos externos del alma, sin los cuales estamos seguros de que seríamos mejores personas. Somos muy dados a culpar de nuestros problemas a fuerzas «de ahí fuera»; por esto debemos entender de qué forma conspiramos en nuestra propia deformación: por cada fuerza exterior que se aplica a retorcernos y deformarnos, hay en nuestro interior un colaborador en potencia. Si la amenaza del castigo nos desbarata el impulso de decir la verdad, es porque le damos mayor valor a la seguridad que a ser sinceros. Si el peligro de perder el estatus social debilita nuestro impulso de estar con el débil, es porque optamos por la popularidad por miedo a la exclusión social.

Esas fuerzas y potencias influirían menos en nuestra vida si rechazáramos colaborar con ellas. Pero el rechazo es arriesgado, y por este motivo negamos nuestra propia verdad, vivimos en una «autosuplantación» y traicionamos nuestra identidad.[2] Sin embargo, el alma no deja de urgirnos a que recuperemos la forma que teníamos al nacer, a que volvamos a la vida enraizada, conectada y plena.

EL ESCEPTICISMO SOBRE EL AUTÉNTICO YO

Dice Mary Oliver: «Hay una cosa que sé, la más antigua y más salvaje: el alma existe, y está hecha enteramente de atención».[3] Pero vivimos en una cultura que nos disuade de prestar atención al alma o el verdadero yo —y cuando no sabemos prestársela, acabamos por vivir vidas sin alma.

Hay en nuestra cultura dos corrientes que contribuyen a nuestra desatención. Una es el laicismo, para el cual el ser humano es un constructo social sin núcleo creado; la otra es el moralismo, para el que toda preocupación por el yo es «egoísta». El laicismo y el moralismo pueden parecer contradictorios, pero nos abocan a lo mismo: la negación del verdadero yo. Si aceptamos sus distorsiones de la realidad, el viaje hacia una vida no dividida se convierte en el errar del loco, por lo que es importante entender por qué ambas visiones de nuestra condición son erróneas.

Para el laicismo, llegamos al mundo no como individuos singulares, sino como materia prima maleable que recibe la impronta de sexo, clase social y raza con los que nacemos. Poseemos una naturaleza heredada, por supuesto, una serie de potencialidades y limitaciones determinadas por el rodar de nuestro dado genético. Pero desde el punto de vista laico no tiene sentido creer que nacemos con un alma inviolable, una identidad ontológica, un núcleo de individualidad creada.

Sin embargo, incluso en este escepticismo persiste la idea del yo auténtico, no por alguna teoría, sino por las experiencias que no podríamos tener si el auténtico yo fuera una ilusión.

Por ejemplo, alguien que nos importa se desmorona. Toma decisiones equivocadas y se desespera, y no entendemos por qué. «No es la persona que conozco —nos lamentamos—. Sencillamente, no es él mismo». O a alguien que nos importa se le van arreglando las cosas. Después de años de autodesprecio, aprende a amar su propia vida. «Ahora es ella misma —nos alegramos—. Por fin ha descubierto quién es realmente». Percibimos el verdadero yo en las personas que conocemos y nos importan, y usamos constantemente esa percepción como punto de referencia de su bienestar.

En niveles aún más profundos, hallamos pruebas del verdadero yo en nuestra autoconciencia, en experiencias que no tendríamos si todo lo que somos fuera biología, psicología y sociología. Sé que tengo un yo auténtico cuando encuentro una verdad dolorosa que mi ego se empeña en evitar y el maestro interior me empuja a afrontar. Sé que tengo un auténtico yo cuando mi corazón autoprotector se abre y la alegría o el dolor de otra persona me llenan como si fueran míos. Sé que tengo un auténtico yo cuando me visita la desolación, pierdo el gusto por la vida y, pese a todo, hallo dentro de mí una fuerza vital que no va a flaquear.

Pero la prueba más sólida del yo verdadero está en la observación de lo que ocurre cuando intentamos vivir como si no lo tuviéramos, una lección que aprendí en mi viaje a través de la depresión clínica.[4] Las depresiones se deben a múltiples causas, evidentemente. Algunas son consecuencia de la mala suerte genética o de una química desequilibrada del cerebro y se deben tratar con fármacos. Pero otras derivan de enterrar tan profundamente el verdadero yo que la vida se convierte en una noche larga y oscura del alma. Mi depresión era de este tipo: solo reaccionaba temporalmente a los fármacos y volvía a aquel profundo pozo una y otra vez, hasta que acepté mi propia verdad.

La idea de que la depresión puede ser consecuencia de desafiar la verdad propia cuenta con el apoyo indirecto de la ciencia. Randolph Nesse, director del Programa de Evolución y Adaptación Humana de la Universidad de Míchigan, señala que la depresión «es posible que se haya desarrollado [...] como reacción [evolutiva] a situaciones en las que es imposible alcanzar algo que se desea», situaciones en las que «el bosque corta uno de los senderos de la vida». La depresión, apunta Nesse, nos resta tanta voluntad y energía que somos incapaces de seguir por el camino que en su momento nos parecía el más deseable pero que, para nosotros al menos, es intransitable. Hemos de encontrar otro camino, un sendero más adecuado para nuestra naturaleza, que propicie la supervivencia individual y el éxito evolutivo de la especie.[5]

Una de las funciones del alma es darnos vida y hacer que la transmitamos —una función que desde el punto de vista del alma equivaldría, supongo, al «éxito evolutivo»—, por lo que me es difícil distinguir aquí entre una «adaptación biológica» y una «sublevación del alma». De hecho, la imagen de la que Nesse se sirve para explicar su teoría, la del sendero que se pierde en el bosque, es la misma aunque más conocida que emplea Dante, aquel gran cartógrafo del reino del alma: «A mitad de mi vida, me adentro en una selva oscura, por haberme apartado del recto camino».[6]

En mi caso, la depresión fue, sin duda, la llamada del alma a que me detuviera, diese media vuelta y retrocediera en busca de un camino por el que pudiese transitar. Si se ignora esta llamada y se la amordaza con fuerza, la depresión resultante de oponerse al verdadero yo puede provocar algo peor que melancolía y abatimiento: un profundo deseo de acabar con la propia vida.

Eso fue lo que me ocurrió y, al recordarlo, entiendo la razón. Mientras vivía mi vida exterior muy alejado de la verdad interior, no solo estaba en el camino equivocado: estaba matando mi identidad con cada paso que daba. Cuando la vida propia es un muerto viviente, puede parecer muy fácil dar el paso a la muerte real. Los medicamentos pueden aliviar temporalmente la depresión de este tipo, pero la verdadera curación está mucho más allá de los fármacos. Solo podemos reclamar nuestra vida con la decisión de no seguir viviendo divididos. Es una decisión tan angustiosa —o así lo parece en medio de la depresión— que no es probable que la tomemos hasta que el dolor, ese dolor que provoca negar el propio yo o desafiarlo, sea insoportable.

Mientras el laicismo niega el verdadero yo porque considera que somos una materia prima, el moralismo, la parte devota de esta extraña pareja, llega al mismo fin al traducir el «yo» como «egoísmo» e insistir en que borremos esa palabra de nuestro vocabulario. Todo el problema de nuestra sociedad, aseguran los moralistas, es que demasiadas personas viven para sí a expensas de todas las demás. Este énfasis *new age* en la autosatisfacción, este constante «culto al yo», es la causa primera de la fragmentación de la comunidad que vemos a nuestro alrededor. O eso es lo que los moralistas defienden.

Parece que está en declive la costumbre de preocuparse por el destino de los demás, pero no creo que tenga mucha culpa de ello el narcisismo *new age*. Las causas externas de nuestra indiferencia moral son una sociedad fragmentada de masas que nos convierte en seres aislados y asustados, un sistema económico que antepone los derechos del capital a los de los individuos y un proceso político que convierte a los ciudadanos en cifras.

Estas son las fuerzas que hacen posible, y hasta estimulan, la competencia desenfrenada, la irresponsabilidad social y la supervivencia de los más aptos económicamente. Los ejecutivos que hicieron que quebraran grandes corporaciones al hacerse con grandes sumas de dinero, mientras los asalariados de modestos recursos perdían sus fondos de pensiones, estaban mucho más influenciados por la inmoralidad capitalista que por algún gurú de la *new age*.

Pero antes de que me exceda en la asignación de la culpa, permíteme que defina el auténtico problema de la queja de los moralistas: pocas son las pruebas de su afirmación de que el «culto al yo» impere en nuestro mundo. He recorrido extensamente Estados Unidos y he conocido a mucha gente. Pocas veces me he encontrado con personas que tengan ese arrogante sentido del yo del que hablan los moralistas, personas que crean estar por encima de las demás porque estén en poder del derecho divino de los reyes.

Al contrario, he conocido a muchos individuos que padecen de un vacío de yo. Tienen un pozo sin fondo en el que debería estar su identidad: un vacío interior que tratan de llenar con el éxito competitivo, el consumismo, el sexismo, el racismo o cualquier otra cosa que pueda darles la ilusión de estar mejor que otras personas. Aceptamos actitudes y prácticas como esas no porque nos consideremos superiores, sino porque no tenemos ningún sentido del yo. Someter a otros se convierte en un camino que lleva a la identidad, un camino que no tendríamos necesidad de transitar si supiéramos quiénes somos.

Al parecer, los moralistas piensan que estamos en un círculo vicioso donde el creciente individualismo y el egoísmo que le es inherente provocan el declive de la comunidad —y el declive de la comunidad, a su vez, genera más individualismo y egoísmo—. La realidad es muy distinta, creo: a medida que diversas fuerzas políticas y económicas descomponen la comunidad, cada vez son más las personas que padecen el síndrome del yo vacío.

Una comunidad fuerte ayuda a desarrollar un sentimiento de auténtico yo, porque el yo solo puede ejercitarse y hacer realidad su naturaleza en comunidad: dando y recibiendo, escuchando y hablando, siendo y haciendo. Pero cuando la comunidad se descompone y perdemos el contacto mutuo, el yo se atrofia y también perdemos el contacto con nosotros mismos. Sin oportunidad de ser quienes somos en una red de relaciones, desaparece nuestro sentido del yo, lo cual nos lleva a conductas que fragmentan aún más nuestras relaciones y extienden la epidemia de vacío interior.

Cuando contemplo nuestra sociedad a través del cristal de mi experiencia con la depresión –una forma extrema del síndrome del yo vacío, una experiencia de autoaniquilación que roza la muerte–, me convenzo de que los moralistas se equivocan: nunca es «egoísta» nombrar, exigir y alimentar el verdadero yo.

Hay actos egoístas, sin duda. Pero son actos que nacen de un yo vacío, cuando intentamos llenar nuestra vacuidad de una forma que daña a los demás, o de una forma que nos daña a nosotros y provoca dolor a quienes se preocupan por nosotros. Cuando estamos enraizados en el auténtico yo, podemos actuar de un modo que nos dé vida y se la dé a todos aquellos con quienes nos relacionamos. Todo lo que hagamos para cuidar del verdadero yo es, a la larga, un regalo para el mundo.

HISTORIAS DE LA VIDA DIVIDIDA

Llegamos al mundo indivisos, íntegros, plenos. Pero antes o después levantamos un muro entre nuestra vida interior y nuestra vida exterior, intentando protegernos o engañar a quienes nos rodean. Solo cuando el dolor de nuestro estado dividido nos supera, la mayoría emprendemos un viaje hacia una vida nunca más dividida.

Quiero analizar estos pasajes de la vida con mayor detalle, por lo que he de pedirte que te construyas (o imagines que te construyes) una sencilla ayuda visual: toma una cuartilla de papel, corta una tira de centímetro y medio de ancho por el lado más largo y desecha el resto del papel. Disculpa que te proponga un artilugio tan barato y de tan baja tecnología, pero soy cuáquero, y es lo más parecido que tenemos al PowerPoint.

Un lado de esa tira representa tu vida exterior o pública. Aquí las palabras que definen nuestra experiencia son, entre otras, *imagen*, *influencia* e *impacto*, las palabras con que bautizamos los miedos y las esperanzas cuando interactuamos con el mundo: «¿Alguien me escucha? ¿Tengo algún impacto sobre los demás? ¿Y qué imagen doy cuando lo hago?».

El otro lado de la tira representa tu vida interior o entre bambalinas. Aquí hablamos con menos ansiedad y más reflexión, con palabras como *ideas*, *intuiciones*, *sentimientos*, *valores*, *fe* y, más hondas aún, cualesquiera otras palabras que decidas emplear para nombrar la fuente de la que proceden todas las anteriores: *mente*, *corazón*, *espíritu*, *auténtico yo*, *alma* o *más-allá-de-todo-nombre*.

Mi tesis es que la relación entre la vida que vivimos entre bambalinas y la que vivimos en el escenario se despliega en cuatro fases. La fase uno se inicia cuando llegamos al mundo sin separación alguna entre la vida interior y la exterior. Esta es la razón de que a la mayoría nos encante estar rodeados de bebés y de niños: lo que vemos es lo que hay. Lo que haya en el interior del niño es lo que sale de inmediato hacia fuera, figurada y literalmente. La imagen de un ser humano recién moldeado me recuerda cómo es la plenitud. Y a veces me siento inclinado a preguntar: «¿En qué me he convertido?».

Esta fase de la relación entre nuestras vidas entre bambalinas y en el escenario no requiere ninguna ayuda visual. La podemos ver por doquier en los más pequeños. Pero nuestro PowerPoint cuáquero comienza a ser útil cuando pasamos a la fase dos, el largo pasaje de la vida en que construimos y fortificamos una barrera entre la verdad interior y el mundo exterior. Así que esa tira de papel, que sostenemos con ambas manos, extendida de izquierda a derecha a la altura de los ojos, representa el muro de separación que levantamos cuando partimos de la infancia y emprendemos el camino hacia la adolescencia y la madurez.

Algunos niños, lamentablemente, necesitan este muro en casa. A otros no les hace falta hasta que llegan a la escuela. Pero, antes o después, todos precisamos un muro por la misma razón: para proteger nuestros puntos débiles interiores de los peligros externos. Cuando empezamos a percatarnos de que el mundo es un lugar peligroso, encerramos entre muros nuestras partes más frágiles —nuestras creencias, las dimensiones de nuestra propia identidad— con la esperanza de protegerlas, a veces en medio de grandes dificultades.

Pienso, por ejemplo, en los problemas de muchos jóvenes gays y lesbianas en una sociedad que los «desaprueba».

Stuart Machis era un homosexual que se crio en una comunidad religiosa para la que la homosexualidad es pecado. Su iglesia le insistía en que «cambiara de orientación sexual» y, cuando Stuart vio que le era imposible hacerlo, se suicidó, dejando estas palabras:

> Mi iglesia no sabe que mientras escribo esta carta hay chicos y chicas que de rodillas imploran a Dios que los libre de su dolor: se odian a sí mismos. Se van a la cama con los dedos simulando una pistola apuntando a su cabeza. Ahora soy libre. Ya no sufro ni me odio. La realidad es que Dios nunca quiso que yo fuera heterosexual. Tal vez de mi muerte nazca algo bueno.[7]

Comprendo a las personas, jóvenes o mayores, que creen que pueden escapar de la crueldad del mundo solo con disfrazarse. Pero a veces amurallan su verdad por razones que solo se pueden llamar siniestras: ocultan su identidad a los demás porque el engaño les proporciona una forma perversa de poder. Un ejemplo muy ilustrativo es el de Sadam Hussein, expresidente de Irak.

Hussein llegó al poder congraciándose con los altos mandos del por entonces reformista Partido Baaz, hasta que consiguió fuerza suficiente para eliminar a quienes competían con él y consolidar su dictadura. Hamed al-Jabouri, antiguo líder de los reformistas, describe la capacidad de dividir que contribuyó a crear el estado de terror que impuso:

> Al principio, el Partido Baaz estaba compuesto por la élite intelectual de nuestra generación. Había muchos catedráticos,

médicos, economistas e historiadores. Parecía que él era completamente distinto de lo que después descubrimos que era. Nos inquietaba [...] nos hacíamos preguntas. ¿Cómo era posible que alguien como él, nacido en el campo al norte de Bagdad, se convirtiera en un líder tan capaz? Parecía a la vez intelectual y práctico. Pero estaba ocultando su verdadero yo: lo hizo durante muchos años, mientras construía su poder en silencio, adulando a todos, escondiendo sus verdaderos instintos. Tiene una gran habilidad para ocultar sus intenciones; seguramente es su mayor destreza. Recuerdo lo que en cierta ocasión dijo su hijo Uday: «El bolsillo derecho de la camisa de mi padre no sabe lo que hay en el izquierdo».[8]

Un caso como el de Sadam Hussein ilustra de forma fehaciente la vida dividida. Pero es un caso de tal tamaño y tan contundente que nos puede llevar a ignorar nuestras propias versiones menos visibles de la misma patología. Así que voy a utilizar mi propio viaje a la división como ejemplo común y corriente de la fase dos.

Tuve la suerte de nacer en una familia en la que me sentía seguro de ser yo mismo, por lo que mi división no empezó en casa. En cambio, en la escuela no me sentía seguro, pese a mi capacidad de representar el papel de alumno «popular» y «de éxito», unas palabras que pongo entre comillas porque aquel papel me parecía una farsa. Mientras actuaba en el escenario, mi verdadero yo se escondía entre bambalinas, temeroso de que el mundo aplastara sus más profundos valores y creencias, sus frágiles ansias y esperanzas.

Cuanto más avanzaba en mis estudios, menos seguro me sentía. En la escuela de posgrado, en especial, parecía que mi supervivencia emocional y espiritual dependía de mantener mi verdad oculta. En mis años de preparación del doctorado en Sociología de la Religión, era, y lo sigo siendo, una persona de convicciones religiosas. No esperaba que mis profesores compartieran mis creencias, ni siquiera que tuvieran alguna que pudiera considerarse religiosa. Pero daba por supuesto que mostrarían por los fenómenos religiosos el mismo tipo de respeto erudito que los historiadores muestran por los textos primarios, los genetistas por el ADN o los físicos por las partículas subatómicas.

Pronto descubrí que no siempre era así: a algunos sociólogos de la religión les mueve el deseo de desacreditar todo lo religioso. Intimidado por profesores con esa actitud, hice todo lo que pude en la escuela de posgrado para mantener ocultas mis creencias —al tiempo, debo confesarlo, que me solazaba con el undécimo mandamiento de W. H. Auden: «No te entregarás a [...] la ciencia social».[9]

Me aferraba a la falsa idea de que cuando terminara el doctorado y pudiera controlar mi vida profesional, ya no tendría que ocultar mi verdad. Pero pronto descubrí que la escuela de posgrado era un día de campo comparada con el mundo laboral. Cuanto más me adentraba en ese mundo, más necesidad sentía de amurallar mi verdadero yo, intentando, por decirlo de forma sencilla, parecer más valiente y duro de lo que realmente era.

Al principio necesitaba un muro que ocultara mis debilidades ante los ataques del mundo. Sin embargo, el yo que se oculta a los extraños pronto queda oculto también a los más allegados: la muralla que fortifiqué para protegerme en el trabajo no era fácil de derribar en compañía de la familia y los amigos. Sin siquiera saberlo, comencé a mantener escondido mi verdadero yo en mi vida personal, del mismo modo que en la profesional. Después, e inevitablemente en retrospectiva, empecé a esconderme mi verdad también a mí mismo.

Esta es la última paradoja de la vida dividida: vive detrás de un muro lo suficientemente largo, y el verdadero yo que intentabas ocultar al mundo desaparece de tu propia vista. El muro y el mundo que hay fuera de él se convierten en todo lo que conoces. Al final, te olvidas incluso del propio muro, y de que oculto tras él hay algo llamado «tú».

Vivir parapetado detrás de un muro tiene al menos tres consecuencias. La primera es que nuestra luz interior no puede iluminar el trabajo que realizamos en el mundo. Cuando era un joven profesor, amurallar mi verdadero yo frente a las presiones del sistema de promoción significaba sacrificar mi corazón de docente: enseñaba no para ayudar a aprender a mis alumnos, sino para demostrar mi gran profesionalidad. En aquella época, en mis clases me guiaba con excesiva frecuencia por las señales de un planeta llamado Éxito Académico, y no por las señales interiores que podrían haberme mantenido conectado con las necesidades de mis alumnos. No enseñaba con mis mejores luces, y me temo que muy a menudo dejaba a mis alumnos en la oscuridad.

La segunda es que, cuando vivimos detrás de un muro, la luz del mundo no puede penetrar en nuestra oscuridad interior. De hecho, todo lo que podemos ver «ahí fuera» es oscuridad, sin darnos cuenta de lo culpables que somos de ella. Cuando era joven, el muro me permitía proyectar mi propia oscuridad a los demás y seguir gozosamente ignorante de cómo me veían. Recuerdo con remordimiento la arrogancia a la que sucumbía a los treinta y tantos años cuando en privado me dedicaba a criticar a muchas personas que conocía, una actitud que, evidentemente, no era más que una proyección de las dudas que tenía sobre mí mismo. De vez en cuando, algún amigo tenía la valentía de arrojar cierta luz sobre mi sombra, con resultados previsibles: criticaba *su* arrogancia y me negaba a escucharlo.

La tercera consecuencia de vivir detrás de un muro es que las personas más allegadas recelan de la brecha que separa nuestro papel en el escenario de la realidad que se esconde entre bambalinas. Desconfían de nuestra duplicidad, intentan protegerse y se distancian de nosotros; las relaciones en las que nos podríamos ver con más claridad desaparecen de nuestra vida. Las mismas personas que podrían ayudarnos ven que la fuerza de nuestra sombra repele la luz, y así acabamos por habitar en un sistema cerrado, un infierno omnipresente y ensimismado. O eso es lo que me ocurrió a mí.

LA VIDA EN LA CINTA DE MOEBIUS

¿Cómo se rompe y se abre un sistema cerrado? Cuando el muro que separa el alma y el rol bloquea todos los desafíos exteriores que podrían estimular el autoconocimiento, ¿cómo adquirimos siquiera la conciencia de que estamos peligrosamente separados tanto del mundo como de nuestro verdadero yo?

Aquí, el verdadero yo vendrá a rescatarnos, si le dejamos. La vida dividida es patológica, de modo que siempre provoca síntomas, cuyo reconocimiento puede darnos fuerza para tratarla. En mi caso, era imposible ignorar los síntomas. Mis depresiones volvían con toda su fuerza y sentía el impulso de preguntarme «¿quién soy?» no como un ejercicio abstracto, sino apremiado por la vida real.

No todas las personas caen en la depresión, claro está: algunas empiezan por sentirse faltas de objetivos en la vida, angustiadas o enojadas. Pero en algún momento de la fase dos, después de vivir cierto tiempo detrás del muro, la mayoría sentimos el dolor de estar alejados de nuestra propia verdad. Es un dolor que, si, en lugar de intentar mitigarlo, estamos dispuestos a sentirlo y reconocerlo, derribará nuestro sistema cerrado y nos obligará a salir de detrás del muro para dirigirnos a la visión sanadora de la fase tres.

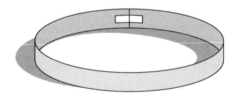

En esta fase, llegamos a la integración mediante la reorganización de la vida que representamos de acuerdo con los valores y las creencias que ocultamos entre bambalinas, como bien ilustra nuestro PowerPoint cuáquero. Toma la cinta de papel que estabas sosteniendo como si de un muro se tratara y une los extremos. El anillo resultante representa el deseo que impulsa la fase tres: «Quiero que mi verdad interior sea el conducto que canalice las decisiones que tome sobre mi vida: sobre el trabajo que desempeño y cómo lo realizo, sobre las relaciones que inicio y cómo las dirijo».

Este es el deseo en que hay que «centrarse», una palabra que, imagino, es una de las que más abundan en la literatura espiritual de las últimas décadas. El deseo de centrar nuestras vidas en la verdad interior es un paso hacia la integridad, por supuesto. Pero, como revela nuestra ayuda visual de forma que las palabras no pueden explicar, hay aquí un lado oscuro. Sostén el anillo de papel en sentido horizontal, como si fuera un cercado, y verás que «centrarse» también se puede definir como colocar los carromatos en círculo, entrar en una comunidad vallada o construir un jardín secreto donde solo acogemos a aquellos con quienes nos sentimos cómodos.

El lado oscuro de la fase tres aparece cuando usamos la verdad interior de filtro para excluir a todos y todo lo que nos parezca provocador. Muchos son los ejemplos del mundo real: piensa en la división que la religión practica a menudo en la vida pública, donde creyentes tanto de la izquierda como de la derecha separan a los «buenos» de los «malos» mediante líneas doctrinales. Cuando utilizamos nuestra verdad para crear estas divisiones, nos alejamos mucho del compromiso desinteresado con el mundo que todas las grandes tradiciones religiosas defienden. Y así, el círculo de la fase tres no pasa a ser más que el muro de la fase dos disfrazado.

Y con ello llegamos a la última fase de la relación de nuestras vidas en el escenario y entre bambalinas, un punto en que el PowerPoint cuáquero pasa a ser fundamental. Toma la cinta de papel con la que has formado un anillo, separa un poco los dos extremos, dale media vuelta a uno de ellos y vuelve a unirlos. Has formado una curiosa figura llamada «cinta de Moebius».[10]

Sostén la cinta con los dedos de una mano y con uno de la otra recorre la que parece ser la superficie exterior de la cinta: de repente y sin interrupción, te encuentras en lo que parece ser el interior. Sigue recorriendo la que parece ser la cara interior de la cinta: del mismo modo, de repente y sin interrupción, te encuentras en la que parece ser la parte exterior.

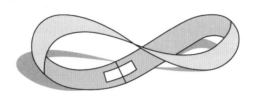

Repito «que parece ser» porque en la cinta de Moebius no existe «dentro» ni «fuera»: las dos aparentes caras no dejan de crearse mutuamente. La mecánica de la cinta de Moebius es misteriosa, pero el mensaje es claro: lo que hay dentro de nosotros no deja de fluir constantemente hacia fuera para contribuir a formar, o deformar, el mundo; y lo que hay fuera de nosotros fluye constantemente hacia dentro para contribuir a formar, o deformar, nuestra vida. La cinta de Moebius es como la propia vida: en definitiva, solo hay una realidad.

Si entendemos la fase cuatro en relación con nuestras vidas en el escenario y entre bambalinas, vemos que la fase dos y la fase tres son ilusiones, unas ilusiones necesarias, tal vez, en determinados momentos de la vida, pero, pese a todo, ilusiones. Nos podemos engañar y pensar que escondemos nuestra verdad detrás de un muro o la usamos para filtrar lo que nos es ajeno. A pesar de ello, sepámoslo o no, nos guste o no, lo aceptemos o no, todos vivimos permanentemente en la cinta de Moebius: no hay lugar donde esconderse. Estamos siempre entregados a un intercambio entre lo que haya «ahí fuera» y lo que pueda haber «aquí dentro», cocreando la realidad, para bien o para mal.

Las implicaciones de esta verdad tan simple son ignoradas en gran medida por una cultura que separa lo interior de lo exterior, lo privado de lo público, lo personal de lo profesional. Cuando les hablo a profesores de universidad, por ejemplo, sobre el mito de la «enseñanza libre de valores» —la idea de que el profesor ha de ser abierto y franco en sus valores—, muchos me responden que llevar los propios valores al aula no sería «profesional».

Vista la imposibilidad de vivir fuera de la cinta de Moebius, solo se me ocurre una respuesta: «¿A quién, si no, vas a meter en ella? Si *tú* estás en el aula, tus *valores* también están dentro, y si no te lo crees, es que no has prestado atención. Los alumnos son expertos en «calar» a sus profesores. Es su forma de sobrevivir». Cuando los profesores —o los políticos, o los padres— piensan que pueden enmascarar lo que son, se engañan a sí mismos y generan mayor desconfianza en los demás, fomentando así la sensación de peligro que impide que la gente se implique.

En esta cuarta fase de la relación entre la vida que representamos en el escenario y la que ocultamos entre bambalinas, vemos que solo tenemos dos opciones: andar por la cinta de Moebius plenamente despiertos y conscientes de sus continuos intercambios, aprendiendo a cocrear de forma que nos vivifique y vivifique a los demás, o caminar como sonámbulos por ella, cocreando sin saberlo de forma peligrosa y a veces letal para las relaciones, el trabajo bien hecho y la esperanza.

Todas las grandes tradiciones espirituales quieren despertarnos al hecho de que cocreamos la realidad en la que vivimos. Y todas formulan dos preguntas que nos ayudan a mantenernos despiertos: en primer lugar, ¿qué enviamos desde nuestro interior al mundo, y qué efecto tiene «ahí fuera»?; en segundo lugar, ¿qué nos devuelve el mundo, y qué efecto tiene «aquí dentro»? Estamos entregados constantemente a la evolución del yo y el mundo y tenemos el poder de decidir, momento a momento, entre lo que da vida y lo que provoca muerte.

En la fase cuatro, completamos el círculo hasta llegar al punto de partida, porque la cinta de Moebius es la versión adulta de la plenitud en la que nacimos. Como dijo T. S. Eliot con sus conocidas palabras:

No dejaremos de explorar,
y el fin de nuestra exploración
será llegar al punto de partida
y conocer el lugar por primera vez.[11]

La plenitud adulta es mucho más compleja que la de la infancia, naturalmente; no se puede reducir a «abrazar al niño interior». En la madurez llevamos cargas y nos enfrentamos a retos que no existen para los niños: por una parte, el peso de nuestros fracasos, traiciones y penas; por otra, los desafíos de nuestras dotes, destrezas y visiones —y hemos de llevarlo todo conscientemente en nuestro andar por la cinta de Moebius.

Podemos sobrevivir, y hasta prosperar, en medio de las complejidades de la madurez agudizando la conciencia de los interminables intercambios entre lo interior y lo exterior que nos configuran y dan forma a nuestro mundo, así como del poder que tenemos para decidir sobre ellos. Si queremos hacerlo, necesitamos espacios dentro de nosotros y entre nosotros que acojan la sabiduría del alma, que sabe cómo discurrir por la vida sobre la cinta de Moebius con gracia y agilidad. Qué significa ser hospitalario con el alma, en soledad y en comunidad, es el tema del capítulo siguiente.

CAPÍTULO IV

ESTAR SOLOS JUNTOS

Una comunidad de soledades

Nuestras desgracias se deben a que no dejamos que nada viva por sí mismo, a las ansias que tenemos de arrastrarlo todo, incluso a los amigos, hacia nosotros, sin dejar que nada viva por sí mismo.[1]

ROBERT BLY

HACERLO SOLOS

Si queremos crear espacios que sean seguros para el alma, hemos de entender por qué el alma se muestra con tan poca frecuencia en la vida diaria. El poeta Robert Bly da una explicación: «[...] arrastrarlo todo [...] hacia nosotros sin dejar que nada viva por sí mismo».

Detrás de ese arrastrar está nuestra desconfianza en la realidad y el poder del maestro interior. Convencidos de que las personas carecen de orientación interior y deseosos de «ayudarlas», nos sentimos obligados a decirles a los demás lo que *nosotros* creemos que deben saber y cómo *nosotros* pensamos que deben vivir. Aquí está el origen de innumerables desastres —entre padres e hijos, profesores y alumnos, jefes y empleados—, es decir, en la impertinente actitud de aconsejar que hace que el otro sienta que se le menosprecia y se le falta al respeto.

Pero podemos descubrir una forma más creativa de ayudarnos mutuamente, como bien demuestra la siguiente historia. Es la de alguien con problemas que se transformó gracias a que quienes estaban a su alrededor decidieron confiar en el maestro interior de esa persona, superando su inveterada costumbre de arrastrarlo todo hacia ellos mismos.

Ocurrió en un círculo de confianza a largo plazo que facilité para profesores de centros educativos públicos. Uno de ellos, Linda, se encontraba al límite. Después de quince años de docencia, no tenía nada bueno que decir sobre sus jefes, sus colegas ni sus alumnos: todos, según ella, estaban equivocados y, a veces, eran malevolentes. Estaba segura de que sería más feliz y mejor profesora si pudiera sustituir a todos aquellos molestos extraños por auténticos seres humanos.

Los profesores que se sentaban con Linda la escuchaban con respeto y receptividad. De vez en cuando le hacían alguna pregunta sincera y abierta que la ayudara a pronunciar y escuchar más profundamente lo que la angustiaba. Pero, ateniéndose a las normas básicas de esta forma de comunidad (que analizo más adelante en este libro), no hacían ningún comentario, ninguna propuesta ni daban consejo alguno.

Lo que hacían era acoger a Linda en un espacio en el que se sintiera empujada a escucharse a sí misma. Resultó ser una experiencia revulsiva para alguien cuya visión escéptica de la humanidad había estado reforzada continuamente por las personas de las que se quejaba. No me refiero a las pocas que estaban de acuerdo con ella. Me refiero a las que le decían que estaba equivocada e intentaban convencerla para que abandonara aquel escepticismo y aquellas que le daban la espalda ofendidas y la dejaban sola. «¿Lo ves? —se decía Linda—. Estabas en lo cierto sobre estas personas. Nadie lo entiende, a nadie le importa». Como la mayoría de nosotros, esta profesora sabía cómo emplear el rechazo para reforzar su idea del mundo.

Descubrí lo revulsivo que había sido para ella escucharse a sí misma cuando, después de varios retiros, me contó que había intentado dejarlo.

—No es que no aprecie al grupo –reconoció–. De hecho, estar aquí me ha ayudado a entender que no debo seguir en la docencia. El problema no son los alumnos ni los compañeros; son personas honestas que hacen todo lo que pueden. El problema soy yo. Estoy quemada con la enseñanza, y aferrarme a ella me hace daño y se lo hace a otros. He decidido dejarlo a final de curso y buscar otro trabajo. De modo que no creo que deba seguir en este grupo.

La realidad era que Linda había utilizado con valentía su espacio en el círculo. Había visto su sombra, dejó de proyectarla a otras personas, asumió su propia realidad y dio un paso hacia la plenitud. Le dije que estaríamos encantados de que siguiera en el grupo.

Un círculo de confianza, le dije, no tiene más programa que el de ayudar a las personas a escuchar a su propia alma y discernir su propia verdad. El objetivo no es contribuir a que asuma de nuevo un determinado papel, ni siquiera a que lo represente mejor, aunque esto pueda ocurrir. El hecho de que Linda hubiera visto su sombra y ahora se sintiera empujada a dejar la enseñanza no era menos importante que la renovación vocacional que otras personas del grupo estaban experimentando.

Linda se quedó y siguió haciendo buen uso de esta comunidad. Salió más decididamente de su sombra, lamentó no haber hecho caso de la insistente voz que la llamaba a otras ocupaciones, y encontró señales de un nuevo camino vocacional que se ajustaba mejor a sus dotes. Pudo escucharse a sí misma porque estaba con personas que supieron dejarla sola sin abandonarla, es decir, dejarla en compañía de su maestro interior.

LA SOLEDAD Y LA COMUNIDAD

Como bien indica la historia de Linda, un círculo de confianza es comunidad en clave distinta. *Comunidad*, una palabra escurridiza con significados de muy diverso matiz, apunta a veces a un grupo de personas que comparten el compromiso de producir algún efecto, desde cambiarse los unos a los otros hasta cambiar el mundo.

Pero un círculo de confianza no comporta necesariamente este compromiso. Es posible que en un círculo así cambie la vida de las personas —y que estas, a su vez, puedan cambiar un poco el mundo— pero el propio círculo se centra en fuerzas interiores e invisibles. Su propósito particular es ayudar en el viaje interior de cada miembro del grupo, hacer que cada alma se sienta lo suficientemente segura para mostrarse y decir su verdad, y lograr que cada uno escuche a su propio maestro interior.

En el círculo de confianza practicamos la paradoja de «estar solos juntos», de estar presentes como una «comunidad de soledades». Son expresiones que pueden parecer contradictorias, porque pensamos en la soledad y la comunidad como mutuamente excluyentes. Pero, bien entendidas, la soledad y la comunidad van de la mano. Para comprender el verdadero yo —que sabe *quiénes* somos en nuestro interior y *para a quién pertenecemos* en el mundo—, necesitamos tanto la intimidad interior que acompaña a la soledad como la otredad que acompaña a la comunidad.[2]

Cuando separamos la soledad de la comunidad y las hacemos mutuamente excluyentes, y actuamos como si nos las pudiéramos arreglar solo con una o con la otra, nos ponemos en peligro espiritual. Un peligro del que advierte el teólogo

Dietrich Bonhoeffer en su libro clásico *Vida en comunidad*: «Quien no pueda estar solo debe ser cauto con la comunidad. Quien no esté en comunidad debe ser cauto con la soledad».[3]

La advertencia de Bonhoeffer se basa en dos simples verdades. Tenemos mucho que aprender del interior, pero es fácil perderse en el laberinto de la vida íntima. Asimismo, tenemos mucho que aprender de los demás, pero es fácil perderse en la confusión de la multitud. Por esto necesitamos simultáneamente la soledad y la comunidad: lo que aprendemos en una puede verificar y equilibrar lo que aprendemos en la otra. Juntas, nos hacen plenos, como el inspirar y espirar de la respiración.

Sin embargo, *cómo* van exactamente de la mano la soledad y la comunidad, es algo más complicado que la respiración. Cuando decimos que estamos en soledad, solemos llevar con nosotros a otras personas: pensemos en lo a menudo que nuestra «soledad» se interrumpe por una conversación interior con alguien ausente. Por otra parte, cuando decimos que estamos en comunidad, a menudo perdemos la pista del yo auténtico: pensemos en la facilidad con que olvidamos quiénes somos cuando estamos inmersos en la dinámica de grupo.

Si queremos acoger la soledad y la comunidad juntas como una auténtica paradoja, debemos profundizar en nuestra comprensión de ambos polos. *Soledad* no significa necesariamente vivir apartado de los demás; significa, más bien, no vivir nunca apartado de uno mismo. No se trata de la ausencia de otras personas, sino de estar plenamente presentes para nosotros mismos, estemos o no con otros. *Comunidad* no significa necesariamente vivir cara a cara con los demás;

significa, más bien, no dejar nunca de ser conscientes de que estamos conectados los unos con los otros. No se trata de la presencia de otras personas, sino de estar plenamente abiertos a la realidad de la relación, nos encontremos solos o no.

Si entendemos así la soledad y la comunidad, también entendemos qué significa crear un círculo de confianza: un espacio entre nosotros que sea acogedor para el alma, una comunidad de soledades donde podamos estar solos juntos.

Si la idea de «crear un espacio entre nosotros» parece rara o chocante, pensemos que lo hacemos constantemente. Siempre que las personas nos reunimos, en mayor o menor cantidad, creamos distintos tipos de espacios que facilitan la consecución de diferentes objetivos:

- Sabemos crear espacios que inviten a mostrarse al *intelecto*, para analizar la realidad, establecer principios lógicos y argumentarlos: son espacios que se encuentran, por ejemplo, en las universidades.
- Sabemos crear espacios que inviten a participar a las *emociones*, para reaccionar ante las heridas, expresar la ira y festejar la alegría: se pueden encontrar en la terapia de grupo.
- Sabemos crear espacios que inviten a emerger a la *voluntad*, para consolidar la energía y el esfuerzo en beneficio de un objetivo común: se pueden encontrar en los grupos operativos y los equipos de trabajo.
- Sin duda sabemos crear espacios que inviten a que haga acto de presencia el *ego*, para pulir su imagen, proteger su territorio y exigir sus derechos: se pueden encontrar en cualquier parte.

• Pero poco sabemos de cómo crear espacios que inviten a que se manifieste el *alma*. Fuera del mundo natural, estos espacios son difíciles de hallar, y parece que valoramos muy poco la conservación de los espacios del alma de la naturaleza.

No estoy sugiriendo que el intelecto, las emociones, la voluntad y el ego sean irrelevantes para el trabajo interior. Si operan de forma independiente, estas facultades no nos llevarán adonde quiere ir el alma, pero forman parte esencial del ser humano y, guiadas por el alma, todas se pueden convertir en aliadas vitales en el viaje hacia una vida no dividida.

Cuando el alma habla a través del intelecto, aprendemos a pensar «con la mente sumida en el corazón».[4] Cuando habla a través de las emociones, es más probable que los sentimientos nutran las relaciones. Cuando lo hace a través de la voluntad, podemos emplear la fuerza de esta en el bien común. Y cuando lo hace a través del ego, generamos un sentido del yo que nos da coraje para decirle la verdad al poder. Toda facultad humana, cuando se imbuye más del alma, nos puede ayudar a desenvolvernos en el complejo territorio de la vida sobre la cinta de Moebius.

EL ALMA ES TÍMIDA

Los espacios diseñados para acoger el alma y facilitar el viaje interior son escasos. Pero los principios y los hábitos en los que se basan no son nuevos y ya se han puesto en práctica ampliamente.

Algunos se encuentran en la tradición monástica, porque el monasterio es el arquetipo de la «comunidad de soledades». Otros surgieron de la fe y la práctica cuáqueras hace más de cuatrocientos años. Otros revivieron en el movimiento de la psicología transpersonal de mediados del siglo XIX. Y otros están encarnados en los procesos de formación espiritual en los que se asienta la mayoría de las grandes tradiciones de sabiduría del mundo.

Es posible que *formación* sea la mejor palabra para definir lo que ocurre en un círculo de confianza, porque, históricamente, se refiere al trabajo del alma realizado en comunidad. Pero debemos ser específicos, porque *formación* a veces significa un proceso diametralmente opuesto al que se explica en este libro: un proceso en el que se aplica al alma desfigurada la presión de la doctrina ortodoxa, el texto sagrado y la autoridad institucional, para darle la forma que una teología dada determina. Es un enfoque enraizado en la idea de que nacemos con el alma deformada por el pecado y vivimos en la desesperanza hasta que las autoridades nos «forman» debidamente.

Sin embargo, todo esto queda desbaratado por los principios del círculo de confianza: estoy de acuerdo con el teólogo que afirmó que «la idea de que los seres humanos nacen apartados del Creador parece un concepto abominable».[5] Aquí la formación nace de la creencia de que nacemos con el alma perfectamente moldeada. Con el paso del tiempo, se nos somete a fuerzas de deformación, desde dentro y desde fuera, que nos dan formas ajenas a la propia del alma. A pesar de ello, esta nunca pierde su configuración original ni deja de llamarnos a que recuperemos la integridad con la que nacimos.

En el círculo de confianza, las fuerzas de deformación están lo suficientemente controladas como para que el alma emerja y diga su verdad. Aquí no se nos exige que nos ajustemos a una determinada plantilla exterior. Al contrario, se nos invita a configurar nuestra vida de acuerdo con nuestra propia alma. En el círculo de confianza, podemos cultivar el yo como si de una planta se tratara —a partir del potencial de la semilla interior del alma, en una tierra fertilizada por la calidad de nuestras relaciones, con la luz de nuestra propia plenitud—, seguros de que el alma sabe cuál es su propia forma mejor de lo que pueda saberlo cualquier autoridad externa.

¿En qué tipo de espacio podemos escuchar la verdad del alma y seguirla? En un espacio definido por principios y prácticas que respeten su naturaleza y sus necesidades. ¿Cuáles son esta naturaleza y estas necesidades? Mi respuesta se basa en la única imagen que conozco que refleja la esencia del alma al mismo tiempo que respeta su misterio: el alma es como un animal salvaje.

Como el animal salvaje, el alma es fuerte, resiliente, hábil, sagaz y autosuficiente: sabe cómo sobrevivir en lugares inhóspitos. Descubrí estas cualidades en mis combates contra la depresión. En aquella oscuridad de muerte, las facultades de las que siempre había dependido se derrumbaron. De nada me servía el intelecto, tenía las emociones muertas, carecía de fuerza de voluntad y mi ego estaba hecho añicos. Pero de vez en cuando, en lo más profundo de mi selva interior, podía sentir la presencia de algo que sabía cómo seguir vivo aunque el resto de mí quisiera morir. Ese algo era mi alma, resistente y tenaz.

No obstante, a pesar de su fortaleza, el alma también es tímida. Como cualquier otro animal salvaje, busca la seguridad en la espesura del bosque, sobre todo cuando hay alguien a su alrededor. Si queremos ver al animal salvaje, sabemos que lo último que debemos hacer es andar de modo que cruja la maleza y gritar para que el animal salga. En cambio, si nos adentramos en silencio en el bosque, nos sentamos pacientemente bajo un árbol, respiramos al ritmo de la Tierra y nos fundimos con el entorno, es muy probable que el animal asome. Tal vez lo veamos fugazmente y solo por el rabillo del ojo, pero la visión es un regalo que siempre apreciaremos por sí mismo.

Lamentablemente, en nuestra cultura *comunidad* significa con excesiva frecuencia un grupo de personas que andan ruidosamente por el bosque, ahuyentando al alma. En espacios religiosos y docentes, rezamos y enseñamos, afirmamos y argumentamos, exigimos y proclamamos, advertimos y aconsejamos y, en general, nos comportamos de una forma que espanta a todo lo que sea original y salvaje. En estas condiciones, es posible que emerjan el intelecto, las emociones, la voluntad y el ego, pero no el alma: asustamos a todo lo que la posee, como las relaciones respetuosas, la buena voluntad y la esperanza.

Un círculo de confianza es un grupo de personas que saben sentarse en silencio «en el bosque» a esperar a que se muestre la tímida alma. En un grupo de este tipo, las relaciones no son opresoras sino pacientes, no provocan enfrentamientos sino comprensión, no están llenas de expectativas y exigencias sino de fe perdurable en la realidad del maestro interior y en la capacidad de cada persona de aprender de él. El poeta Rumi capta la esencia de esta forma de estar juntos: «Un círculo de personas amables y silenciosas/se convierte en el anillo de mi dedo».[6]

Pocos hemos vivido la experiencia de comunidades grandes que posean estas cualidades, pero es posible que algunas de nuestras relaciones de pareja sí las tengan. Al reflexionar sobre la dinámica de estos círculos a pequeña escala, podemos ampliar el sentido de lo que pueda ser una comunidad mayor y recordarnos que dos personas pueden crear un espacio seguro para que el alma nos ayude en el viaje interior de cada uno.

Piensa, por ejemplo, en alguien que te ayudara a cultivar tu verdadero yo. Cuando pienso en esa persona, mi padre es el primero que me viene a la mente. Aunque era un empresario muy trabajador y de éxito, no me presionó para que me fijara objetivos que eran más suyos que míos. Al contrario, me hizo espacio para que creciera hacia mi propio yo. En el instituto sacaba notas mediocres, todas ellas muy merecidas, pero siempre me fue bien en los test estándar de inteligencia. Recuerdo con asombro que mi padre no me exigió ni una sola vez que «aprovechara todo mi potencial». Confiaba en que si estaba dotado para la vida académica, esta florecería a su debido tiempo, como así ocurrió cuando pasé a la universidad.

Las personas que nos ayudan a crecer hacia el verdadero yo nos ofrecen un amor incondicional, sin criticar nuestros defectos ni intentar obligarnos a cambiar, sino aceptándonos tal como realmente somos. Pero es un amor incondicional que no nos lleva a dormirnos en los laureles, sino que nos rodea con un campo de fuerza que hace que deseemos crecer de dentro hacia fuera, un campo de fuerza que es lo bastante seguro como para que asumamos los riesgos y aceptemos los fracasos que ese crecimiento requiere.

Todo esto no es solo lo que mi padre hizo por mí; es un elemento de todas las historias de este tipo que he oído. Avanzamos hacia el verdadero yo en un espacio donde nuestro crecimiento no se rige por exigencias externas, sino que es impulsado, por el amor, hacia nuestras mejores posibilidades.

Esta es una forma de entender las relaciones en un círculo de confianza: aúnan el amor, o aprecio, incondicional y la expectativa esperanzada, creando así un espacio que a la vez salvaguarda y estimula el viaje interior. En ese espacio, somos libres para escuchar nuestra propia voz, vivir lo que nos produce alegría, ser autocríticos sobre nuestros fallos y arriesgarnos a avanzar hacia el cambio, sabedores de que, cualquiera que sea el resultado, seremos aceptados.

Existe otra relación de dos que, en miniatura, desvela cómo nos hemos de relacionar unos con otros en un círculo de confianza. Pienso en la experiencia que algunos hemos vivido junto al lecho de alguien que se está muriendo, «acompañándolo» en el más solitario de sus viajes. Junto al lecho del moribundo nos damos cuenta de dos realidades fundamentales sobre lo que significa estar «solos juntos». Primero, nos percatamos de que hemos de abandonar la arrogancia que a menudo distorsiona nuestras relaciones, la presunción de pensar que tenemos la solución al problema de otra persona. Cuando nos sentamos junto a alguien que se está muriendo, comprendemos que lo que tenemos delante no es un «problema que hay que resolver», sino un misterio que hemos de respetar. Cuando encontramos la forma de permanecer con respeto junto a este misterio, empezamos a ver que todas nuestras relaciones arraigarían mejor si fuéramos capaces de desempeñar con menos frecuencia el papel de quien quiere arreglarlo todo.

Segundo, junto a un moribundo nos damos cuenta de que debemos superar el miedo que muchas veces perturba nuestras relaciones, ese temor que hace que nos alejemos cuando el otro muestra algo molesto, doloroso o desagradable que no podemos soportar. La muerte puede ser todo esto y más. Sin embargo, no dejamos de mirar a la persona que se está muriendo, de acogerla en nuestro corazón, de tenerla presente en nuestras oraciones, porque sabemos que sería una falta de respeto apartar la vista, que el único regalo que le podemos hacer en ese momento es el de nuestra atención indivisa.

Sentados junto al moribundo, sabemos que hacemos algo más que ocupar espacio en la habitación. Pero si nos piden que definamos qué es este «más», nos es difícil encontrar las palabras adecuadas. Y cuando las encontramos, casi siempre son variantes de «simplemente estaba ahí».

Junto a él aprendemos a «practicar la paciencia», a tratar el espacio que nos separa como algo sagrado, a respetar el alma y su destino. Puede ser un respeto sin palabras o tal vez con algunas que el moribundo no puede oír. Pero este respeto de algún modo nos mantiene unidos mientras somos testigos del viaje de otro ser hacia la soledad definitiva.

Desconozco qué puede significar «practicar la paciencia» para la persona que se está muriendo. Pero sé muy bien lo que mi experiencia me dice al respecto. Cuando caí en una oscuridad mortal por la que tuve que andar solo, esa oscuridad llamada depresión clínica, hallaba consuelo y fuerza en aquellas personas que no huían de mí ni intentaban salvarme, sino que se limitaban a estar a mi lado. Su disposición a estar presentes revelaba *su* fe en que disponía de recursos interiores para recorrer aquel azaroso camino, apuntalando así en silencio *mi* frágil fe en que tal vez, de hecho, los tenía.

No sé, sin embargo, qué siente la persona que se está muriendo. Pero sí sé esto: preferiría morir en compañía de alguien que no haga sino estar presente a hacerlo solo. Y también sé esto: todos nos morimos, continuamente. ¿Por qué, pues, esperar a las últimas horas para ofrecernos mutuamente nuestra presencia? Es un regalo que podemos hacer y recibir en este mismo momento, en un círculo de confianza.

DOS SOLEDADES

Nadie ha descrito las relaciones características de un círculo de confianza de forma más hermosa ni con más precisión que el poeta Rainer Maria Rilke, que decía que el «amor consiste en dos soledades que se protegen, limitan y procuran hacerse mutuamente felices».[7]

Un amor así hace que el alma se sienta segura, al menos por dos razones. La primera es que excluye la violencia que a veces nos infligimos mutuamente en nombre del amor. No me refiero a la violencia física manifiesta del maltrato, sino a la violencia sutil que practicamos cuando, con la intención de ayudar al otro, invadimos su soledad.

En *Zorba el Griego*, Nikos Kazantzakis cuenta una historia sobre cómo algunos esfuerzos por ayudar pueden causar un daño real:

Una mañana [...] descubrí un capullo en la corteza de un árbol, en el preciso momento en que la mariposa hacía un agujero para salir de él. Esperé un rato, pero la mariposa tardaba mucho y me impacienté. Me incliné sobre ella y con el aliento le di calor. Lo hice lo más deprisa que pude, y empezó a producirse el milagro ante mis ojos, más deprisa que la propia vida. Se abrió el capullo, la mariposa empezó a salir despacio, y nunca olvidaré el horror que sentí al ver que se le volvían a plegar las alas y se caía al suelo: la desdichada mariposa intentaba desplegarlas con todo su cuerpo. Me incliné de nuevo sobre ella para ayudarla con mi aliento. En vano.

Debería haber eclosionado con paciencia, y el despliegue de las alas debería haber sido un proceso gradual al calor del sol. Ahora era ya demasiado tarde. Mi aliento la obligó a salir antes de tiempo. Batalló desesperadamente y, unos segundos después, moría en la palma de mi mano.

Creo firmemente que ese pequeño cuerpo es el mayor peso que tengo en mi conciencia. Porque hoy me doy cuenta de que violar las grandes leyes de la naturaleza es pecado mortal. No debemos tener prisa, no debemos ser impacientes, sino respetar confiadamente el ritmo eterno.[8]

Es posible que en algunas ocasiones tengamos que insuflar el aliento a alguien que se encuentre tan necesitado que peligre su bienestar. Pero la mayoría de las personas pueden y deben reanimarse a su manera y su tiempo, y si intentamos ayudarlas acelerando el proceso, acabamos por hacerles daño. En un círculo de confianza —como dos o más soledades que se protegen, limitan y procuran hacerse mutuamente felices—, se nos da libertad para vivir nuestra propia vida según «las grandes leyes de la naturaleza» y aprender a vivirla con mayor intensidad.

Lo diré sin tantos tapujos: el amor que respeta la soledad del otro es un escudo contra la psicoterapia de aficionado, una abominación que ha generado muchos «círculos de desconfianza». El círculo de confianza no es terapia de grupo. No lo facilita ningún terapeuta profesional y quienes lo componen no se obligan por ningún contrato. En unos tiempos en que personas sin título, incompetentes y sin que se las invite a hacerlo practican la terapia, la imagen de dos soledades que se protegen, limitan y procuran hacerse mutuamente felices nos puede ayudar a no caer en esta forma habitual de violencia interpersonal.

La segunda razón de que este tipo de amor hace que el alma se sienta segura es que protege contra el descuido bienintencionado. Cuando comprendemos que nuestros esfuerzos por ayudar a otros pueden ser vanos, o algo peor, es posible que empecemos a apartar la vista de sus penas y afanes, sin saber qué hacer y avergonzados de nuestra ineptitud. Si nuestros esfuerzos por «arreglar» a los demás no los ayudan, e incluso les pueden hacer daño, ¿qué nos queda sino alejarnos?

La idea del amor de Rilke abre una tercera posibilidad. En lugar de intentar arreglar a quien tiene un problema, o alejarnos de esa persona, simplemente permanecemos a su lado, en los límites de su soledad, confiando en que disponga en su interior de todos los recursos que pueda necesitar y en que nuestra atención pueda ayudarla a utilizarlos.

El círculo de confianza consiste en relaciones que no son ni invasivas ni evasivas. En este espacio, no invadimos el misterio del auténtico yo de otro, ni nos evadimos de sus anhelos. Estamos presentes los unos para los otros sin flaquear, pero reprimiendo cualquier impulso de arreglar los problemas del otro. Nos ofrecemos ayuda mutua para ir adonde cada uno necesita ir, averiguando lo que cada uno ha de averiguar, a su ritmo y con la intensidad que considere oportuna.

Hay otra forma más de describir el amor que crea un círculo de confianza: es un amor que nos exige que tratemos el alma como un fin en sí mismo. Muchas veces nos relacionamos con los demás como medio para alcanzar nuestros fines, extendiendo el «respeto» mutuo con la esperanza de obtener algo para nosotros. En estas condiciones asoman determinados elementos, como el ego, para ver si se puede obtener algún beneficio.

Pero el alma solo se muestra si nos acercamos los unos a los otros sin más motivo que el deseo de acogernos. Cuando protegemos, limitamos y respetamos la soledad de cada uno, rompemos nuestros hábitos manipuladores y creamos las condiciones seguras para que emerja el alma.

Pienso de nuevo en aquel hombre que trabajaba en el Departamento de Agricultura. Si las personas que acudieron a aquel retiro hubieran intentado utilizarlo para obtener de él algún beneficio político, no creo que pudiera haber escuchado decir a su alma: «Le rindes cuentas a la Tierra». Si se le hubiera tratado como un medio para favorecer los fines políticos de otros, habría reaccionado desde el intelecto, las emociones, la voluntad o el ego, pero su alma habría quedado completamente al margen. Pudo escuchar hablar a su alma, y eso tuvo consecuencias políticas precisamente porque nadie intentó utilizarla con este fin.

Hay aquí una paradoja provocadora que es fundamental en los círculos de confianza. Acoger el alma tendrá consecuencias para nuestro trabajo en el mundo. Pero si queremos que estos resultados se produzcan, debemos aproximarnos a ella sin otro motivo que acogerla, sin pretender propiciar ni exigir determinados resultados.

La mejor forma de explicar esta paradoja es con una historia. En cierta ocasión fui invitado por los líderes de una comunidad cuyas escuelas padecían graves tensiones raciales y étnicas; querían que los ayudara a formar círculos de confianza para mitigar esa crisis. Entendía perfectamente su situación pero tuve que decirles que no podía hacerlo –no en aquellas circunstancias, al menos– porque lo que me pedían demostraba que tenían una idea equivocada de lo que hace que el alma se sienta segura en un círculo de confianza.

No puedes reunir a la gente y decirle: «Sí, en este círculo invitamos a que hable tu alma para que podamos resolver nuestras tensiones raciales». En el momento en que lo haces, se produce una distorsión imposible: estoy en este círculo porque tengo «alma blanca», él está aquí porque tiene alma «afroamericana» y ella está aquí porque tiene «alma hispana». El alma no es de ninguna raza ni etnia: es el núcleo de nuestra humanidad común y de nuestra singularidad individual. Si intentamos reducirla a categorías sociológicas, esperando que así podamos resolver algún problema, huirá lo más deprisa que pueda, porque habremos distorsionado su naturaleza.

El espacio que creemos para que el alma se sienta segura nos ayudará mucho a la hora de ocuparnos de los problemas que más división nos provocan: lo he visto muchas veces ante problemas de raza, clase social, orientación sexual y otros asuntos controvertidos. Pero invitar al alma a que asome para resolver un problema social significa que va a huir atemorizada, como ocurre cuando intentamos arreglar los problemas de otra persona.

En nuestra cultura utilitarista, es difícil aceptar la idea de que un círculo de confianza no pretende resolver un problema visible: quiere acoger algo invisible llamado alma. Sin embargo, cuando aprendemos a confiar en las fuerzas invisibles de nuestro interior, vemos que nuestra integridad crece, como lo hace la de otras personas, la de nuestras instituciones y la de nuestra sociedad.

EN QUÉ CONFIAMOS

¿En qué confiamos exactamente en un círculo de confianza? En cuatro cuestiones al menos:

- Confiamos en el alma, en su realidad y su fuerza, en su autosuficiencia, en su capacidad de decir la verdad y de ayudarnos a escuchar y a responder a lo que escuchamos.
- Confiamos los unos en los otros, en que tenemos la intención, la disciplina y la buena voluntad de crear y mantener un espacio lo suficientemente seguro para acoger el alma.
- Confiamos en los principios y las prácticas que crean este espacio y salvaguardan las relaciones que existen en él, conscientes de que la presión de la cultura convencional es persistente y puede llevarnos fácilmente a conductas que asustarán y ahuyentarán al alma.
- Confiamos en que acoger el alma sin ningún «plan de cambio» en mente puede producir efectos transformadores en las personas y las instituciones.

En el capítulo siguiente describo con cierto detalle las prácticas necesarias para crear un círculo de confianza. Pero antes de concluir este, quiero contar una historia real que demuestra qué significa, en la práctica, confiar en el alma, los unos en los otros, en los principios y las prácticas y en que la transformación se puede producir precisamente porque no la exigimos.[9]

En un grupo de larga duración de educadores de centros públicos en el que intervine como facilitador, había un profesor de formación profesional que, según él, no lo «entendía». Durante los seis primeros retiros del total de ocho, Tim se sentaba en silencio, incómodo, distraído y a veces desdeñando el proceso. Y en cada uno de esos retiros me llevó aparte para preguntarme: «¿Qué demonios ocurre aquí?». Seis veces le dije que no podía responder por él esta pregunta, por muy sincera que fuese.

Al empezar el séptimo retiro, pronto se vio que algo le había sucedido a Tim, algo que tenía muchas ganas de contarnos. En los dos últimos años, dijo, había estado atrapado en una lucha de fuerzas con su director, que le insistía en que asistiera a unos cursos de verano sobre nuevos métodos de alta tecnología para sus clases. Durante dos años le había respondido al director con el mismo «no» insistente y cada vez más airado.

—Todo esto de las nuevas tecnologías —le dijo— no es más que otra moda que pasará. Y si no pasa, no es lo que mis alumnos necesitan ahora mismo. Lo que necesitan es una experiencia práctica. Lo sé. Llevo veinte años de profesor de formación profesional. Esos cursos de verano son una tontería, y no voy a desperdiciar tiempo ni dinero asistiendo a ellos.

Tim y el director llevaban dos años en ese combate, y pocas semanas antes había sonado la campana del tercer *round*. El director volvió a llamar a Tim para pedirle lo mismo de siempre, y él volvió a negarse.

Pero en esa ocasión Tim dijo algo nuevo:

—Durante el último año y medio —le dijo al director—, he estado con este grupo de profesores que han estado analizando sus vidas interiores, y he empezado a darme cuenta de que también yo tengo la mía. Ahora veo que me he estado mintiendo a mí mismo, y a usted, sobre la razón de que no asista a los cursos de verano.

»Tengo miedo de no entender lo que vayan a decirme. Temo que lo que *sí* entienda haga que me sienta como si hubiera estado veinte años impartiendo mal mis clases. Tengo miedo de volver de esos cursos pensando que estoy anticuado. Sigo sin querer asistir a ellos, pero ahora le puedo ser sincero y decirle la razón.

Tim se detuvo un momento y luego prosiguió:

—Nos quedamos sentados en silencio durante un rato, con la vista puesta en el suelo. Luego el director la levantó, me miró y dijo: «¿Sabe una cosa? También yo tengo miedo. Vamos los dos a estos cursos».

Esta historia encarna gran parte de lo que quiero transmitir sobre el poder del círculo de confianza. Revela lo que puede ocurrir cuando a la persona se le da espacio para que escuche a su alma y encuentre el coraje para actuar de acuerdo con lo que le diga. Revela el poder que decir la verdad tiene para transformarnos a nosotros, nuestras relaciones y nuestro trabajo en el mundo. Como más tarde decía Tim de sí mismo, después de regresar junto con su director de aquellos cursos de verano: «Estoy de nuevo esperanzado. Mi vocación de profesor se ha renovado».

Pero esta historia no trata solo de Tim, un profesor transformado. Trata también de un círculo de personas que hicieron posible que Tim emprendiera un viaje interior a su ritmo y modo, un viaje que le ofreció la confianza de que disponía dentro de sí de la verdad que necesitaba, y que esta le llegaría cuando estuviese preparado. Aquellas personas no intentaron forzar a la mariposa a cobrar vida, ni se alejaron sin preocuparse de que muriera. En ese círculo de confianza, Tim no fue invadido ni evitado, y esto le permitió llegar a una reflexión transformadora de la vida que de otro modo tal vez nunca hubiera alcanzado.

Durante esos seis primeros retiros, cualquiera que supiese un poco de psicología podría haberlo evaluado con facilidad, tan evidente era lo que le sucedía: «¿Sabes lo que te ocurre? Que tienes miedo». Pero si lo hubieran tratado con esta actitud, habría reaccionado como reaccionamos todos cuando nos invaden: se habría opuesto al diagnóstico con todas sus fuerzas... y la verdad de su alma se habría adentrado y retirado más aún en el bosque.

Durante aquellos seis primeros retiros, el grupo podría haber tratado fácilmente a Tim, como suelen hacer los grupos, como quien evita o juzga a alguien porque la conducta de esa persona les supone una amenaza: «¡Vamos! Atente al programa. Deja de enviar todos esos mensajes no verbales que hacen que todos nos sintamos estúpidos. Participa o deja la silla a alguien que lo haga».

Pero no ocurrió nada de esto. Siguiendo los principios y las prácticas del círculo de confianza, nadie intentó analizar a Tim ni corregirlo. Nadie reaccionó ante su comportamiento para enjuiciarse a sí mismo ni al grupo. Nadie lo juzgó para aplacar sus propios sentimientos. Al contrario, todos acogieron a Tim en un espacio abierto que confiaba en él y le daba confianza, sin ofender ni ofenderse, hasta que descubrió lo que necesitaba aprender de su propio maestro interior: una lección que fue posible gracias a una comunidad que supo cómo «proteger y limitar» la soledad de Tim.

¿Qué se necesita para crear y proteger este tipo de espacio? Los cinco capítulos siguientes se ocupan de esta pregunta.

CAPÍTULO V

PREPARA EL VIAJE

Crear círculos de confianza

Baso mis esperanzas en procesos tranquilos y círculos reducidos, donde tienen lugar sucesos vitales y transformadores.[1]

RUFUS JONES

TRAMPA 22

Trampa 22, la novela clásica de Joseph Heller sobre la locura de la guerra, disecciona la «lógica» por la que se rige la vida de un piloto de bombardero. Si comprendes el peligro en que te encuentras y pides que te releven de tus obligaciones, no se te puede asegurar que vayas a ser relevado. ¿Por qué? Porque el hecho de que entiendas el peligro significa que estás cuerdo. Y solo se puede relevar de su puesto a los pilotos que estén locos. Así que has de seguir volando aunque para ti sea una locura. *Trampa 22* ha demostrado ser una fiel imagen de nuestro tiempo, que parece estar plagado de «situaciones problemáticas cuya única solución queda anulada por las propias circunstancias inherentes al problema».[2]

Me acuerdo a menudo de la trampa 22 cuando hablo con otras personas sobre unirse a un círculo de confianza o formar uno. Las que se sienten en peligro de perder el contacto con su alma siempre aseguran que necesitan este tipo de círculo. Sin embargo, manifiestan con frecuencia que su vida fragmentada y frenética, la vida que las pone en peligro, les imposibilita entrar en alguno de ellos. La propia situación que nos genera la necesidad de un espacio seguro parece que nos impide conseguir lo que necesitamos.

Pero oculta en ese «parece» está la salida de la trampa 22. La idea de que no podemos conseguir lo que realmente necesitamos es una ilusión alimentada por la cultura que, como de costumbre, nos tiene atrapados. Pero las ilusiones están para desmontarlas. ¿Tengo mucho trabajo? Evidentemente. ¿Tengo demasiado trabajo para vivir mi propia vida? Solo si la estimo en tan poco que estoy dispuesto a entregarla al enemigo.

Es imposible que caigamos en la trampa 22 a menos que lo consintamos, así que está clara la forma de evitarla: debemos convertirnos en objetores de conciencia para no entrar en el ejército que nos declara la guerra, ataca nuestra propia identidad e integridad y viola el santuario de nuestra alma.

No soy ajeno a la dificultad de adoptar esta postura, pero la participación en círculos de confianza me ha ayudado a encontrar el coraje para hacerlo. En este proceso, he descubierto que la pertenencia a estos círculos no solo está dentro de los límites de nuestra ajetreada vida, sino que también nos puede ayudar a salir de ellos. Así que como homenaje a todos los que han desafiado la trampa 22, y al servicio de todos los que intentan hacerlo, quiero analizar cinco características de esta forma de comunidad que la hacen accesible, atractiva y generativa, incluso en medio de tanta locura: unos límites claros, un liderazgo cualificado, sentirse invitado, una base común y un ambiente agradable.

UNOS LÍMITES CLAROS

Por mucho que podamos sentir la necesidad de un círculo de confianza, a muy pocos se nos ocurre «poner por encima de todo» reservar tiempo para la comunidad. Y aun en el caso de que se nos ocurra, nos cuesta imaginar que otras personas puedan o quieran unírsenos.

Pero nuestro dilema se debe solo en parte a que el día únicamente tiene veinticuatro horas. También se debe al hecho de que *comunidad*, una palabra caleidoscópica que cambia de significado con cada giro, puede evocar imágenes de un tiempo pasado, un tiempo más lento y simple en el que las personas vivían en contacto en pueblos y pequeñas ciudades. Si queremos que la comunidad sea una opción para alguien más que unos pocos afortunados, debemos desprendernos de estas fantasías románticas y crear formas de vida juntos que respeten nuestras realidades actuales.

Los círculos de confianza hacen exactamente esto porque tienen unos límites de los que las comunidades tradicionales carecen. Aquellos, por ejemplo, no dependen de una masa crítica de personas como ocurre con estas; dos individuos que sepan «protegerse, limitarse y procurar hacerse mutuamente felices» cada uno en su soledad pueden formar un círculo de confianza. Naturalmente, las oportunidades de iluminarnos unos a otros aumentan a medida que lo hace el tamaño del círculo, que conviene que no supere los veinticinco miembros. Pero dos personas, o un grupo reducido, que crean espacio seguro para el alma se pueden ayudar mutuamente en el viaje hacia una vida no dividida.

A diferencia de una comunidad tradicional, un círculo de confianza no ha de ser el contexto permanente de nuestra vida. Puede ser un grupo de personas con las que me reúno una vez a la semana durante una o dos horas, una vez al mes durante varias horas o tres veces al año durante un fin de semana. Y nuestro compromiso mutuo ha de tener un punto final, acordado de antemano, por ejemplo de doce meses a partir de la primera reunión. Con esta condición, los participantes pueden abandonar el círculo amablemente si la experiencia no les sirve de ayuda, o, si les ayuda, renovar la pertenencia a él.

A diferencia de una comunidad tradicional, no es necesario que el círculo de confianza esté limitado a personas que vivan cerca las unas de las otras. Uno de los círculos más importantes de mi vida está formado por gente de todo el país y solo nos reunimos dos o tres veces al año. Pero compartimos una cultura tan sólida de relaciones basadas en el respeto al alma que cada vez que nos reunimos lo hacemos como viejos amigos, como si nunca nos hubiésemos separado.

Del mismo modo, a diferencia de una comunidad tradicional, no es necesario que un círculo de confianza sea la matriz singular de nuestra vida; es inevitable que pertenezcamos a comunidades de otros tipos. Y a diferencia de una comunidad tradicional, no es necesario que un círculo de confianza sea independiente, sino que puede estar integrado en cualquier entidad que tenga vida propia, por ejemplo la parroquia o el lugar de trabajo.

Comparado con una comunidad tradicional, un círculo de confianza puede ser reducido, de más corto alcance y menos continuo. Pero compensa estas carencias siendo intencional y específico respecto a tres puntos fundamentales: el motivo que ha unido a sus componentes, adónde quiere ir cada uno de ellos y cuánto han de relacionarse mutuamente si quieren llegar a su destino.

Otras formas de comunidad suelen carecer de esta intencionalidad, lo cual debilita su efecto sobre la vida de las personas. Las iglesias, por ejemplo, les piden a sus miembros que asuman determinadas creencias y la misión que estas implican. Pero raramente se fijan objetivos sobre la determinación de normas y prácticas relacionales que ayuden en esas creencias y esa misión, y mucho menos les piden a sus fieles que se comprometan con esos fines. La consecuencia es que las relaciones que se dan en muchas iglesias están determinadas más por las normas de la cultura laica que por las de la tradición religiosa.

Por ejemplo, muchas confesiones proclaman que la salvación procede de la gracia misma. Pero al no tener unas prácticas relacionales basadas en este principio, los fieles suelen persistir en el hábito cultural de intentar «salvarse» los unos a los otros, contradiciendo así su propia teología e incitándose mutuamente a ocultar sus almas. Por esto oigo a menudo decir a quienes van a la iglesia que no pueden llevar sus problemas más íntimos al corazón de la comunidad eclesiástica, donde las relaciones tienden a ser invasivas.

En cambio, en un círculo de confianza oigo a menudo decir a sus integrantes: «Lo que aquí ocurre es lo que quisiera que ocurriera en mi comunidad religiosa». Un pequeño círculo de duración limitada cuyo proceso tenga un propósito deliberado incidirá de forma más profunda y vivificadora que una comunidad grande y permanente que esté configurada por las normas de la cultura tradicional.

La intencionalidad de un círculo de confianza puede incluso cambiar esa sensación de disponer de poco tiempo que nos impide tomarnos en serio la comunidad. Pertenecer a un círculo de ese tipo requiere tiempo. Pero cuando las horas que pasamos juntos producen resultados significativos para nuestra vida, el tiempo deja de parecer escaso. El tiempo, y la propia vida, aumentan a medida que aprendemos a vivir más receptivos a la sabiduría del alma.

UN LIDERAZGO CUALIFICADO

Una segunda condición para un círculo de confianza es un líder, o facilitador, cualificado, conocedor de los principios y las prácticas necesarios para crear un espacio seguro para el alma.

Evidentemente, dos personas que sepan «protegerse, limitarse y procurar hacerse mutuamente felices» en sus respectivas soledades no necesitan a una tercera. Con una preparación atenta pueden crear y mantener ellas solas ese espacio. De hecho, todo círculo de confianza, cualquiera que sea su tamaño, exige que todos sus componentes contribuyan a mantener un espacio seguro; una prueba es la historia del profesor de formación profesional que se enfrentó a su propio miedo gracias a que nadie de su círculo lo invadió ni lo evitó.

Pero cuanto mayor es el círculo, más importante es designar un líder. Las normas de un círculo de confianza son profundamente contraculturales: «No *intentaréis* siquiera salvaros los unos a los otros». A pesar de ello, el campo gravitacional de la cultura convencional nos empuja continuamente a formas invasivas de relacionarnos: «La razón por la que se nos puso en la Tierra es que nos salvemos los unos a los otros». Cuanto mayor es el círculo, más probable es que alguien sucumba a la gravedad; por esto necesitamos un líder que sea capaz de detener la caída libre y renovar la seguridad del espacio.

Lamentablemente, la idea que tenemos del liderazgo se ha visto deformada por un mito que lo vincula a la jerarquía, como si solo se necesitaran líderes en sistemas que funcionan de arriba abajo. Pero cuando estamos en «comunidad», podemos repartir el papel de líder designado, dejando que pase espontáneamente de una persona a la siguiente. O eso es lo que el mito dice.

Sin embargo, la experiencia me ha mostrado que una comunidad requiere más liderazgo que una jerarquía. Una jerarquía tiene unos objetivos concisos, una división clara del trabajo y una serie de políticas sobre cómo se supone que deben desarrollarse las cosas; si la maquinaria está bien diseñada y bien engrasada, casi puede funcionar de forma automática. Una comunidad es una fuerza caótica, emergente y creativa de la que hay que ocuparse constantemente. Y cuando sus objetivos son contraculturales, como ocurre en un círculo de confianza, esa necesidad de atención permanente es aún mayor. Si carece de un líder conocedor de los principios, experto en las prácticas y con autoridad para ejercer su función, el círculo de confianza fracasará debido a la escasez y fragilidad de la cultura relacional que exige.

La autoridad que el líder necesita no equivale al poder. El poder es propio de cualquiera que controle los instrumentos de coerción, que van desde las notas académicas hasta las armas. Sin embargo, la autoridad solo la tienen quienes la reciben de otros. ¿Y qué nos lleva a darle autoridad a alguien? La propia palabra nos da una pista: le damos autoridad a quienes percibimos que son «autores» de sus actos y sus palabras, personas que no hablan siguiendo un guion ni se comportan de forma programada.

En otras palabras, les concedemos autoridad a las personas que percibimos que viven una vida no dividida. Dado que la finalidad de un círculo de confianza es ayudarnos a vivir así, el líder, o facilitador, ha de participar también en él: mantenerse al margen del proceso, como a veces hacen los líderes, se convierte en un signo de división que socava la autoridad de la persona dentro del grupo.

El papel de facilitador-participante es a la vez exigente y gratificante. El hecho de estar entregado personalmente al proceso contribuye a que avance mi propio viaje y hace que el grupo confíe en mi legitimidad como líder. Sin embargo, no puedo permitir que mis necesidades ocupen el espacio que debería proteger para los demás, y mucho menos hacer que los demás piensen que soy demasiado débil para el liderazgo. He de mantener un equilibrio, participar de forma que me «autorice» a liderar pero no debilite mi autoridad.

La definición del papel del facilitador en un círculo de confianza es muy sencilla: ser el primero entre iguales en crear y proteger un espacio en que el alma de cada uno se pueda sentir segura. Pero no es fácil desempeñar este papel. Exige unos conocimientos básicos, formación, orientación y experiencia. Más aún, el facilitador debe entender la solemne responsabilidad de un trabajo en el que se invita a los participantes a exponer su alma y se les promete que no se les hará ningún daño.

En este libro trato de explicar lo mejor que puedo los principios y las prácticas que configuran al buen facilitador de un círculo de confianza. Pero este tipo de liderazgo requiere una experiencia que ningún libro puede dar. Por eso, en este libro encontrarás información sobre programas prácticos de preparación para el facilitador.[3]

Puede haber personas que, por sus propias cualidades y experiencia, estén ya capacitadas para liderar un círculo de confianza. No obstante, la mayoría de quienes realizan este trabajo confirmarán lo que digo: mantener un espacio para el alma requiere mayor esfuerzo que cualquier otro tipo de liderazgo que jamás haya intentado, y para hacerlo bien y con sensatez, siempre necesité que alguien me orientara.

SENTIRSE INVITADO

La tercera condición de un círculo de confianza es que todos los que participen en él se sientan invitados, sin que haya el más mínimo asomo de manipulación o coacción que pudiera asustar a su alma.

Las empresas, por ejemplo, no pueden exigir a sus empleados que participen en un círculo de confianza, algo tan evidente que no lo mencionaría si no hubiese advertido en el ámbito laboral una tendencia en este sentido disfrazada de «construcción de comunidad» o «espiritualidad». El empleador puede y debe crear espacios libres de sanciones en los que el empleado pueda manifestarse en beneficio de su propia salud y la de la empresa. Pero, como bien demuestra la historia de aquella gran corporación con sus «círculos jerárquicos», nada hace que el alma huya más deprisa que advertirle que quien no trabaja no cobra.

La coacción que socava los círculos de confianza va mucho más allá del empleador que exige a sus empleados que desvelen sus secretos y pensamientos más ocultos. Las personas suelen unirse a un grupo de forma voluntaria y *después* la experiencia las empuja a adaptarse a él. Esta presión puede ser tan sutil que nuestro ego apenas la percibe, pero el sismógrafo del alma nota enseguida la sacudida. Si queremos acoger el alma, hemos de evitar cualquier tipo de presión.

Para ilustrar lo que digo, y exponer algo más sobre el arte de la facilitación, puedo describir los momentos iniciales de un círculo de confianza recién formado. Para establecer las normas de esta nueva contracultura, empiezo por asegurarles a sus miembros:

Aquí no se trata de «compartir o morir». A lo largo de este retiro, haré invitaciones; no voy a dar órdenes. Si en algún momento os invito a algo que no queréis aceptar, por favor, haced lo que tengáis que hacer, y hacedlo sabiendo que contáis con todo el apoyo del grupo y que no se os hará ninguna pregunta. Por ejemplo, si os invito a formar grupos pequeños, y necesitáis tiempo para estar solos, tenéis plena libertad para tomároslo. Si queréis estar en un grupo pequeño pero no os apetece responder la pregunta que yo haya planteado, haceos y respondeos vuestras propias preguntas. Vuestra alma sabe mejor que yo lo que necesitáis hacer.

Después de dar plena libertad de decisión, he de cumplir mi palabra en cada paso que dé; de lo contrario, el espacio se hace inseguro y pierdo la autoridad como líder. Esto es algo más difícil de lo que parece. Pensemos, por ejemplo, en algo tan sencillo como invitar a las personas a que se presenten en la sesión de inicio del grupo: «Os invito a que digáis cómo os llamáis y, si queréis, unas pocas palabras sobre algo que os haga sentir plenamente vivos».

La mayoría de los presentes querrán decir algo sobre sí mismos, en parte porque lo que les he pedido, y cómo lo he formulado, les da libertad para responder con cualquier grado de vulnerabilidad que decidan. Pero es posible que una o dos personas deseen permanecer en silencio, y si hago cualquier cosa que las haga sentir obligadas a hablar, pierdo su confianza y tal vez la de otros.

Por esto, para estructurar las presentaciones, no digo: «Voy a empezar por presentarme yo; después lo iremos haciendo en círculo empezando por mi derecha». Eso crearía una marcha forzada que priva a las personas de su libertad. En su lugar, digo: «Vamos a empezar con unos minutos de silencio. Cuando alguien esté listo para presentarse, está invitado a hacerlo, y luego puede seguirle cualquiera que quiera hacerlo a continuación, hasta que la última persona que quiera hablar lo haya hecho».

Algunas veces, cuando las autopresentaciones están concluyendo, me doy cuenta de que hay alguien que aún no ha hablado. No sé si esa persona quiere hablar o no. Pero si se lo pregunto directamente, o aunque solo le dirija una mirada inquisitiva, contravengo el principio de no coacción. Pongo el foco en alguien que tal vez haya decidido no hablar, lo cual implica que preferiría que hiciera todo lo contrario. Con ello pierdo la confianza de al menos una persona, que ve que la libertad del alma termina donde empiezan mis planes.

En un momento así, mi tarea de facilitador es mantener el espacio un rato, con los ojos cerrados o la vista puesta en el centro del círculo. Después, sin mirar a nadie, puedo decir: «Vamos a seguir un minuto o dos más en silencio para que todo el que quiera hablar pueda hacerlo. Luego daremos el paso siguiente».

De este modo he cumplido mi promesa de darles a todos libertad de decisión sin que nadie se quede marginado. A veces, alguien se me acerca y me dice: «No estaba preparado para hablar en el círculo inaugural. Gracias por no obligarme a hacerlo; me ayudaste a confiar en el proceso. Pero, cuando el grupo se vuelva a reunir, me gustaría presentarme».

Cuando el facilitador mantiene el espacio de esta forma, envía un mensaje tranquilizador a todos los implicados: «A esto me refería cuando dije que aquí no se trata de "compartir o morir". Estoy aquí no solo para exponer las normas de este círculo, sino también para servir de modelo de lo que significa vivir de acuerdo con ellas. Haré todo lo que pueda para mantener este espacio seguro para el alma». Mandar este mensaje con claridad y continuamente es fundamental para salvaguardar un círculo de confianza.

UNA BASE COMÚN

La cuarta condición para un círculo de confianza es la creación de una base común sobre la que personas de diferentes creencias puedan analizar asuntos de la vida interior. La base común es especialmente esencial en enclaves laicos, como los centros públicos de enseñanza, donde hay que respetar el pluralismo. También puede ser importante en lugares como las iglesias, donde se supone que las personas comparten determinadas creencias. En un círculo de confianza, cuyos componentes se sienten libres para decir lo que realmente piensan, a veces ocurre que tienen menos en común de lo que nosotros, o ellos mismos, creíamos.

Pero cuando sentamos una base común que respete la diversidad, no podemos permitir que la gente vaya de un sitio a otro sin ningún propósito. El alma desea hospitalidad, pero también honradez, enfrentarse a preguntas difíciles que preferiríamos evitar. ¿Cómo podemos mantener este círculo abierto a visiones distintas sin que deje de estar centrado en verdades difíciles? Si no sabemos responder esta pregunta, nuestras conversaciones no profundizarán, y el alma amante de la verdad abandonará la habitación.

En determinados círculos de confianza prolongados, creamos una base común a la vez abierta y centrada utilizando en los análisis las imágenes de las estaciones del año.[4] Son imágenes que, una y otra vez, demuestran su capacidad de propiciar un discurso respetuoso, centrado en preguntas difíciles, entre voces diferentes. Las imágenes de las estaciones nos ayudan a hablar de asuntos que a menudo evitamos, en cualquier lengua que emplee el que habla, sin que nadie se ofenda ni ofenda a los demás.

Lo puedo ilustrar con una imagen de muestra para cada una de las cuatro estaciones. A menudo empezamos los grupos en otoño, cuando mucha gente vuelve al trabajo después del descanso veraniego y cuando la naturaleza empieza el trabajo de dejar caer y esparcir las semillas. En esta estación de nuevos inicios, en el círculo de confianza podemos indagar en «la semilla del verdadero yo».

«¿Qué semilla se sembró cuando tú o yo llegamos a la Tierra con nuestra identidad intacta? ¿Cómo podemos recordar y reclamar esos dones y potencialidades de nacimiento?». Analizamos estas preguntas mediante la autobiografía, compartiendo historias de la infancia que dan pistas sobre quiénes éramos antes de que fuerzas interiores y de nuestro alrededor comenzaran a deformar nuestro sentido del verdadero yo. Con estas narraciones, he visto a profesores quemados reivindicar la pasión que los llevó a la docencia y decidir que nadie se la robe de nuevo.

Pero las semillas de posibilidad sembradas con esa esperanza en otoño tendrán que soportar los rigores del invierno, cuando parece que las potencialidades con las que nacimos han muerto y desaparecido. Cuando contemplamos el paisaje del invierno de nuestra vida, parece evidente que todo lo que se sembró en otoño está ahora profundamente enterrado en la nieve, congelado y muerto por el frío invernal. Muchas personas desmoralizadas reconocen que esta imagen de la «muerte del invierno» refleja con exactitud la desolación de su vida interior.

No obstante, si comprendemos lo que es el invierno en la naturaleza, nos damos cuenta de que lo que vemos ahí fuera no es tanto muerte como letargo. Parte de la vida ha muerto, sin duda. Pero otra parte mucho mayor se ha enterrado a hibernar, a la espera de la estación en que ha de renacer y renovarse. De modo que el invierno nos invita a determinar todo aquello de nosotros que parece muerto, a preguntarnos si es posible que esté durmiendo y a tratar de averiguar cómo podemos ayudarlo, y ayudarnos, a «pasar el invierno».

Percatarse de todo lo que está hibernando en nosotros puede ser una experiencia de mucha fuerza. En la madurez, nos gusta simular que estamos completos. Si estamos dispuestos a abandonar esta simulación y reconocer todo lo que queda por hacer en nuestra vida, pueden ocurrir cosas muy buenas, y no solo a nosotros. Cuando, por ejemplo, el profesor descubre lo que hay dormido en su interior, percibe mejor lo que duerme en sus alumnos, lo cual le hace mejor docente. Quienes tuvieron a un buen profesor siempre dicen: «Ese profesor vio en mí algo que yo no podía ver por mí mismo».

La primavera es la estación de la sorpresa, cuando nos damos cuenta de nuevo de que, a pesar de nuestras eternas dudas, la oscuridad del invierno lleva a la luz y de lo que muere en invierno nace una vida nueva. De modo que una imagen de la primavera es «el florecer de la paradoja». Cuando de las privaciones invernales surgen las maravillas de la primavera, se nos invita a reflexionar sobre todo lo positivo y negativo que debemos aunar para vivir plenamente y para adquirir mayor confianza en que, como criaturas integradas en la naturaleza que somos, sabemos por propia experiencia cómo abordar lo uno y lo otro.

Cuanto más profunda es nuestra fe, más dudas hemos de soportar, más expuestos estamos a la desesperanza; cuanto más profundo es nuestro amor, más dolor nos produce su pérdida: estas son algunas de las muchas paradojas que hemos de asumir como seres humanos. Si nos negamos a aceptarlas, confiando en que podamos vivir ajenos a la duda, la desesperanza y el dolor, también veremos que vivimos sin fe, sin esperanza y sin amor. Pero en primavera se nos recuerda que la naturaleza humana, como la propia naturaleza, puede aunar lo opuesto en una paradoja, cuyo resultado es una vida más espaciosa y exuberante.

El verano es la estación de la abundancia y la primera cosecha. Después de seguir a la semilla del verdadero yo en el azaroso viaje que inició al nacer, su paso por la hibernación y su germinación, podemos contemplar la abundancia que ha crecido en nuestro interior y preguntar: «¿A quién se supone que va a alimentar? ¿Dónde estoy llamado a emplear mis dotes?». En el verano de nuestra vida, sabiendo ya *quién* somos, vamos conociendo mejor *para quién somos*.[5]

Los idealistas tendemos a preguntarnos «para quién somos» prematuramente: queremos atender las necesidades del mundo, pero nos quemamos en el intento de hacer más de lo que podemos. No puedo dar lo que no tengo, por lo que debo saber qué dones han crecido en mí que estén listos para la cosecha y para compartirlos. Si los dones que doy son míos, nacidos de la semilla del auténtico yo, los puedo dar sin agotarme. Como el fruto del árbol, se repondrán en la debida estación.

El círculo de confianza que sigue el ciclo de las estaciones nos puede ayudar a cuidar del huerto de nuestra alma. Nos puede enseñar lo que todo buen hortelano sabe: que la vida es una interacción constante entre las fuerzas de nuestro interior, de las que somos responsables, y las que están fuera de nosotros, sobre las que tenemos escaso control. Cuando aprendemos la coreografía de la vida que Thomas Merton llama «la danza general», un proceso de creación compartida en el que a veces dirigimos y a veces seguimos, podemos participar en ella con mayor soltura y confianza.[6]

En medio de toda la diversidad de creencias e incredulidades, la imagen de las estaciones tiene el poder de propiciar una indagación abierta, pero centrada, sobre nuestra vida interior. ¿Por qué? Porque más allá de nuestras diferentes convicciones compartimos algo mucho más profundo que la creencia: una vida integrada en el mundo natural y los ciclos de experiencia que repiten los ritmos de la naturaleza. La imagen de las estaciones evoca nuestra condición común y nos permite explorarla de forma que a la vez nos exige y nos conforta.[7]

He oído a personas decir que el auténtico diálogo se está haciendo imposible en nuestra sociedad, cuya base común parece que se hunde a medida que aumenta su diversidad. Pero en el espacio creado por las imágenes de las estaciones puede ocurrir lo imposible.

He visto a un catedrático judío, alejado de todo lo que tenga que ver con la religión, sentarse en círculo frente a un maestro afroamericano perteneciente a la Iglesia de Santidad Pentecostal. Los he escuchado analizar cuestiones de profundo significado, cada uno en un lenguaje de integridad personal. He sido testigo de cómo se acogen mutuamente con respeto y sin prejuicios y he sentido cómo en ese proceso se han abierto aún más.

En nuestro lacerado mundo, un diálogo así es un milagro de comunión, el milagro que hace posible las imágenes que evocan la plenitud oculta de nuestras vidas.

UN AMBIENTE AGRADABLE

Hay una condición más que contribuye a que el círculo de confianza sea atractivo para el alma y las personas apresadas en la trampa 22. Debemos reunirnos en sitios agradables y en horarios que nos convengan.

Con frecuencia nos reunimos en lugares tan feos que repelen al alma, y quien haya estado en el centro de conferencias de cualquier hotel sabrá a qué me refiero. El techo de las salas es demasiado alto o demasiado bajo; hay pocas ventanas o ninguna; una iluminación desagradable hace que todos parezcan pálidos y enfermos; el mobiliario está compuesto de unas sillas incómodas en hileras, a veces atornilladas al suelo, y superficies duras que dificultan la acústica; los sistemas de calefacción o refrigeración hacen tanto «ruido blanco» que la gente apenas se puede oír, y la decoración es indigna de tal nombre.

Al parecer hemos olvidado que el entorno en el que nos reunimos incide en la calidad de lo que ocurre en nuestro interior y entre nosotros. Afortunadamente, hay una fórmula muy simple para conseguir un lugar que acoja el alma: crear un ambiente completamente opuesto al que acabo de describir:

- Una sala ni estrecha ni cavernosa, con espacio suficiente para un círculo de sillas cómodas (si el grupo es grande) que se puedan mover y colocar en grupos pequeños.
- Ventanas a la altura de la vista que permitan que esta descanse y entre el mundo exterior.
- Una decoración cálida y acogedora, con toques sencillos y elegantes, por ejemplo, flores frescas.
- Suelo enmoquetado o con una alfombra para que el sonido no rebote, y conseguir así una acústica que permita hablar sin tener que levantar la voz.
- Luz incandescente y cálida, no fría ni de fluorescente.

El programa de un círculo de confianza incide tanto en la buena acogida del alma como en el ambiente agradable del lugar de reunión. Tanto el espacio físico como el horario tienen un componente estético al que el alma reacciona: un horario conveniente es el equivalente al confort y la calidez físicos.

Sin embargo, *inconveniente* es la palabra que mejor define muchos programas. Atiborrados de tareas que hay que hacer si queremos justificar este uso del tiempo, las reuniones nos obligan a pasar a marchas forzadas de un tema a otro, con lo que es imposible analizar nada bien y en profundidad. Andamos juntos desconcertados por el bosque, apresurados y sin aliento, sin traspasar la superficie del intelecto y el ego, mientras todo lo que tiene que ver con el alma no hace sino perderse más aún entre los árboles.

Hay tres claves para elaborar un programa que acoja el alma: desacelerar, hacer más con menos y prestar atención al ritmo. Este, por ejemplo, es el horario de la primera mitad de una jornada de un círculo de confianza real, un horario cuyos principales elementos analizaré en los próximos capítulos: nos encontramos un sábado a las 9 de la mañana y empezamos con tres minutos de silencio. A continuación, el facilitador propone que nos dividamos en grupos de tres para hablar de «qué ha ocurrido en tu vida desde la última reunión que quieras compartir con los demás».

Cuando estos grupos pequeños terminan, el facilitador distribuye un poema para centrar el diálogo de la mañana en el tema del día. El tema es «la semilla del auténtico yo», y el poema, «El amor después del amor», de Derek Walcott:

Un tiempo vendrá en el que, con gran alegría,
te saludarás a ti mismo,
al tú que llega a tu puerta,

al que ves en tu espejo,
y cada uno sonreirá a la bienvenida del otro,
y dirá: siéntate aquí. Come.
Seguirás amando al extraño que fuiste tú mismo.
Ofrece vino. Ofrece pan. Devuélvele tu amor
a ti mismo, al extraño que te amó
toda tu vida, a quien no has conocido,
para conocer a otro corazón
que te conoce de memoria.
Recoge las cartas del escritorio,
las fotografías, las desesperadas líneas,
despega tu imagen del espejo.
Siéntate. Celebra tu vida.[8]

El poema solo ocupa media hoja, pero nos tendrá ocupados las dos horas y media siguientes. En la primera, el facilitador dirige una indagación en común sobre el poema, y el tema, haciendo preguntas que nos permitan explorar juntos el texto y nuestra propia experiencia. Luego, propone un descanso en silencio de treinta minutos, para que podamos pensar en lo que hemos escuchado y dicho, mientras paseamos, escribimos en el diario o cualquier otra cosa que requiera el alma.

Después, el facilitador propone que nos reunamos en grupos de tres durante cuarenta y cinco minutos. En ellos, la conversación no ha de ser al estilo *ping-pong*, lanzando y devolviendo ideas y experiencias una y otra vez. En su lugar, a cada uno de los tres miembros del grupo se le dan quince minutos de atención por parte de los demás, una oportunidad para profundizar en su análisis del tema.

Por último, el facilitador nos invita a volver al círculo grande para compartir durante quince minutos cuestiones y reflexiones que hayan surgido tanto del análisis individual como del de los grupos. A continuación, tenemos la comida, seguida de un receso a solas y en silencio de dos horas antes de que el grupo se reúna de nuevo a primera hora de la tarde para dar el siguiente paso.

En lugar de llenar el horario de múltiples temas y textos extensos, hemos dedicado la mayor parte de la mañana a un solo tema, enmarcado por un breve poema. Hemos creado un espacio que respeta diversos estilos de aprendizaje, y diferentes almas, pasando del análisis en el grupo grande a la soledad, el silencio y el diálogo en grupos reducidos, para volver después de nuevo al grupo grande.

Desacelerar, hacer más con menos y prestar atención al ritmo. Al elaborar el horario de un círculo de confianza, esto es lo que significa adentrarse lentamente en el bosque, sentarse recostado en el tronco de un árbol a esperar pacientemente que la tímida alma emerja y nos diga lo que considere oportuno sobre nuestra vida.

CAPÍTULO VI

LA VERDAD ENTRE LÍNEAS

La fuerza de la metáfora

Di toda la verdad, pero escondida;
en el camino está la virtud.
Demasiado brillante para nuestra pobre dicha
es la espléndida sorpresa de la verdad. [1]

EMILY DICKINSON

AHORA ME CONVIERTO EN MÍ

No sé quién dijo: «Cada día, en todos los sentidos, me va mejor y mejor».* Pero debió de tener una intensa vida de fantasía. En todos los años que llevo en este mundo, nunca he sentido que iba ascendiendo de forma continua. Siempre he ido arriba y abajo, adelante y atrás. Sigo el hilo del verdadero yo durante un tiempo. Después lo pierdo y me encuentro de nuevo en la oscuridad, donde el miedo me empuja a buscar el hilo una vez más.

Este patrón, por lo que yo puedo decir, es inherente a la condición humana. Pero desde que lo analizo en círculos de confianza, tiene menos fuerza en mi vida. Hoy, pierdo el hilo con menos frecuencia que antes y, después de perderlo, me cuesta menos encontrarlo. Sin embargo, para recuperarme de mi recaída, primero tuve que dejar de negarla y después abstenerme de generalizar sobre ella, el tipo de generalización que estoy haciendo ahora. Tuve que reconocer y examinar aquellos detalles de mi vida donde se puede hallar al diablo, y a Dios, unos detalles que suelen serme demasiado dolorosos para hablar de ellos abiertamente.

---

* Se refiere al método de autosugestión creado por el psicólogo francés Émile Coué (1857-1926) que incluía esta afirmación diaria y que se hizo enormemente popular en la Europa del momento.

Como deferencia a esos sentimientos, y a la tímida alma, el círculo de confianza no se lanza de cabeza a analizar cuestiones como la de perder y hallar el verdadero yo. A sus miembros no se les pide, como se me pidió en un retiro, que se pongan en parejas y se cuenten mutuamente algo personal que les dé vergüenza y que nunca le hayan contado a nadie. Lo que hace el facilitador es guiar el análisis del tema mediante un poema, una historia, un poco de música o una obra de arte: cualquier representación metafórica que nos permita abordar el tema de forma indirecta.

Por ejemplo, así son los primeros versos del poema «Ahora me convierto en mí», de May Sarton:

> Ahora me convierto en mí.
> Supone tiempo, muchos años y lugares;
> me disolvieron y agitaron,
> usé la cara de otra gente,
> corrí como una loca, como si el tiempo estuviera ahí,
> tremendamente viejo, gritando su advertencia:
> «Apúrate, o te vas a morir antes de...»
> (¿qué? ¿Antes de alcanzar la mañana?
> ¿Antes de que esté claro el final del poema?
> ¿O de amar a resguardo entre los muros de la ciudad?).[2]

Cuando en el círculo de confianza hablamos de estos versos, realizamos un análisis indirecto de la pérdida y el hallazgo del verdadero yo. Por un momento, puede parecer que estemos hablando del viaje del poeta hacia su identidad. Pero pronto nos damos cuenta de que todo lo que digamos sobre el poema lo decimos sobre nosotros mismos. Reflexionamos sobre nuestras propias historias de disfrazarnos de otra persona, sobre los momentos en que nos sentimos «disueltos y agitados» como preludio al autodescubrimiento, sobre el miedo a morir antes de saber quiénes somos y sobre la histeria que el miedo genera en nuestro interior.

No es fácil abordar ninguna de estas cuestiones, y algunas quisiéramos evitarlas. Pero al tratarlas a través de un poema, las podemos mantener a cualquier distancia que decidamos mientras continuamos centrados en asuntos significativos. Seguimos con el diálogo en común, descubrimos que este espacio está centrado, es significativo, revelador y profundamente seguro, y de este modo desarrollamos la confianza para hablar de forma más directa sobre nosotros mismos. La tímida alma emerge con mayor frecuencia y necesita menos protección para hablar.

EN EL CAMINO ESTÁ LA VIRTUD

Cualquier práctica que cree un círculo de confianza ha de mantener abierto y libre el espacio que media entre nosotros, pero con el foco siempre puesto en asuntos del alma. Hemos de abordar intencionadamente cuestiones reales de nuestra vida, entre otras la fe y el miedo, la esperanza y la desesperanza, el amor y el odio. Pero al analizarlas hay que darles a todos los presentes libertad para participar como mejor consideren. Si ese trabajo deliberado se convierte en imposición o si la apertura no tiene ningún objetivo, el alma no se manifestará.

¿Cómo creamos un espacio que a la vez esté centrado y sea atractivo? Emily Dickinson, la de la ostentosamente tímida alma, da orientaciones sumamente valiosas:

Di toda la verdad, pero escondida;
en el camino está la virtud.
Demasiado brillante para nuestra pobre dicha
es la espléndida sorpresa de la verdad.

Como se alivia del relámpago a los niños
con una suave explicación,
la luz de la verdad debe brotar despacio
o a todos los hombres cegará.[3]

En la cultura occidental solemos buscar la verdad mediante la confrontación. Pero nuestros modos testarudos de acercarnos a ella asustan al alma y la ahuyentan. Si queremos que hable la verdad y escucharla, debemos abordarla entre líneas. No me refiero a que tengamos que ser falsamente modestos ni hablar con evasivas de todo lo que nos incomoda, lo cual nos debilita y resta fuerza a nuestras relaciones. Sin embargo, la verdad tiene tanta fuerza que hemos de posibilitar acercarnos a ella, y que ella se nos acerque, indirectamente. Hemos de invitarla a que hable, no ordenárselo. Hemos de permitirnos escucharla, no obligarnos a ello.

En el círculo de confianza conseguimos la *intencionalidad* centrándonos en un tema importante. Logramos esa *aproximación indirecta* analizando ese tema de forma metafórica, mediante un poema, una historia, un fragmento de música o una obra de arte que lo encarnen. A estas encarnaciones las llamo «terceros elementos», porque no representan la voz del facilitador ni la de ningún participante. Tienen voz propia, una voz que dice la verdad sobre un tema pero, como ocurre con las metáforas, la dice entre líneas. La verdad, mediada por un tercer elemento, puede emerger de nuestra conciencia, y regresar a ella, en cualquier lugar y a cualquier profundidad en que sepamos desenvolvernos, a veces interiormente en silencio y a veces en voz alta en comunidad, dándole así a la tímida verdad la capa protectora que necesita.

Un tercer elemento, si se usa debidamente, funciona como el famoso test de las manchas de tinta de Rorschach, suscitando en nosotros cualquier cosa a la que el alma quiera prestar atención. Mediante una buena metáfora, es más probable que el alma tenga algo que decir. Pero esta realidad no servirá de nada si somos incapaces de reconocer que el alma está hablando o no sabemos prestar atención a lo que comunica.

Por esto en el círculo de confianza es útil alguna forma no convencional de tomar notas. Normalmente, en los talleres y los retiros, tomamos notas sobre todo de lo que dice el líder, después algunas sobre lo que dicen determinadas personas interesantes del grupo y luego pocas, o ninguna, sobre lo que nosotros mismos decimos. En el círculo de confianza, invertimos este orden, y tomamos nota sobre todo de lo que nos sale de dentro, lo expresemos verbalmente o no.

Al principio, parece extraño tomar notas sobre nuestros propios pensamientos y palabras. Tenemos el extraño engreimiento de que por el mero hecho de que hayamos dicho algo, entendemos lo que significa. Pero en el círculo de confianza, el maestro interior puede darnos ideas tan nuevas o estimulantes que necesitamos tiempo para comprenderlas, unas ideas que podemos malinterpretar, olvidar y hasta negar si no las registramos y seguimos reflexionando sobre ellas. Las notas que tomamos sobre nuestras propias palabras en esos momentos componen luego un texto del que podemos aprender mucho cuando el círculo termina.

Las conversaciones en las que decimos y escuchamos la verdad entre líneas siempre suponen un riesgo, porque contravienen las normas convencionales. Si analizamos el poema de May Sarton, por ejemplo, podemos descubrir (como a mí me ocurrió) que un miembro del grupo hizo la tesis doctoral sobre ella. Después de escuchar hablar sobre el poema durante un rato, dijo:

—Lo que estáis diciendo *no* es lo que Sarton tenía en mente.

El círculo se sintió inseguro inmediatamente cuando ese «especialista» intentó dominarlo con conocimientos «objetivos», intimidando a quienes habían estado hablando desde el corazón.

En momentos así, el líder debe intervenir, con tacto pero con firmeza, para que todos se sientan seguros de nuevo, incluido, si es posible, aquel que perturbó la seguridad. Recuerdo que dije algo así sobre estos versos:

—Lo que Sarton pensaba es sin duda un tema interesante, pero no es el que aquí tratamos. Aquí nos centramos en cómo este poema incide en nuestra propia vida y evoca nuestra propia experiencia. Os invito a todos a hablar del poema con este espíritu, y a que así lo sigáis haciendo.

No obstante, mantener el círculo de confianza abierto a puntos de vista subjetivos no significa que todo valga: el círculo se ha de regir siempre por un objetivo y propiciar la participación. Un tercer elemento, en manos de un buen facilitador, traza los límites que pueden ayudar a mantener nuestra exploración en un espacio seguro, entre el errar sin rumbo y la marcha forzada hacia un objetivo predeterminado.

Cuando los participantes se alejan del tema y hacen comentarios que no tienen relación alguna con él (debido a menudo a que toca alguna fibra sensible), el facilitador puede guiarlos para que vuelvan a los límites del propio texto pidiéndoles que anclen todo lo que digan en una palabra, una imagen o un verso de la historia o el poema. Una vez centrados de nuevo en el tema, volvemos también al problema –y a la voz del maestro interior–. A partir de ese momento es probable que nuestra exploración se ciña más a la agenda del alma que a los planes del ego y la inteligencia que merodean por la habitación.

Lo que T. S. Eliot decía de la poesía se puede decir también de todos los terceros elementos: «[La poesía] nos hace [...] un poco más conscientes de los sentimientos más profundos e incógnitos que forman el sustrato de nuestro ser, en el que raramente penetramos; porque nuestras vidas son en su mayor parte una constante evasión de nosotros mismos».[4]

UN CUENTO TAOÍSTA

En los últimos treinta años, he utilizado cientos de terceros elementos en mi trabajo de facilitador de círculos de confianza.[5] Uno de ellos –un cuento taoísta llamado «El tallador de madera»– siempre me ha impresionado.[6] Procede de las enseñanzas de Chuang Tzu, un maestro chino que vivió hace dos mil quinientos años, pero el cuento tiene para nosotros una relevancia atemporal en lo referente al viaje hacia la vida no dividida.

Dos son las razones que me llevan a analizar aquí esta historia con cierto detalle. La primera es que me sirve para ilustrar algunas características importantes del trabajo con terceros elementos. Y la segunda, que nos brinda a todos la oportunidad de aprender más sobre la vida en la cinta de Moebius, y aprenderlo de Chuang Tzu, un maestro con unas ideas extraordinarias sobre los pros y los contras de esta vida.

El tallador de madera

Khing, el maestro tallador, hizo un soporte de campana con maderas preciosas. Cuando lo hubo terminado, todos aquellos que lo veían quedaban asombrados. Decían que parecía obra de los espíritus.

El príncipe de Lu preguntó al maestro tallador:

—¿Cuál es tu secreto?

Khing replicó:

—Yo no soy más que un trabajador: carezco de secretos. Solo hay esto: cuando empecé a pensar en el trabajo que me ordenasteis, guardé mi espíritu, no lo malgasté en minucias que no tuvieran nada que ver con él. Ayuné para serenar mi corazón. Después de tres días de ayuno, había olvidado las ganancias y el éxito. A los cinco días, había olvidado los halagos y las críticas. Al cabo de siete días, había olvidado mi cuerpo con todas sus extremidades.

»A esas alturas, todo pensamiento acerca de su alteza y la corte se había desvanecido. Todo aquello que pudiera distraerme de mi trabajo había desaparecido. Estaba concentrado en el único pensamiento del soporte para la campana. Entonces fui al bosque para ver los árboles en su propio estado natural. Cuando ante mis ojos apareció el árbol adecuado, también apareció sobre él el soporte, claramente, más allá de toda duda. Todo lo que tuve que hacer fue alargar la mano y empezar. Si no me hubiera encontrado con ese árbol en particular, no habría habido soporte para la campana. ¿Qué pasó? Mi pensamiento concentrado se encontró con el potencial oculto en la madera. De este encuentro vital surgió el trabajo, que vos atribuís a los espíritus.

Es imposible reproducir aquí, con letra impresa, el diálogo comunal que esta historia suele generar, y no cabe sino apuntar la capacidad que tiene de iluminar, afirmar y cuestionar nuestras vidas. El discurso complejo e inquisitivo que se suele producir en un círculo de confianza se reduce aquí a una sola voz: la mía. De modo que necesitaré tu imaginación para darle sentido a lo que sigue.

Imagina que estás sentado en círculo con veinte personas, cada una de las cuales tiene en la mano una copia de «El tallador de madera». El facilitador hace preguntas para dirigir el diálogo y las personas responden, unas interiormente, otras en voz alta, con momentos de silencio entre una intervención y otra; en la conversación se entrelazan la risa y la solemnidad, y juntos elaboramos un tejido de significados sobre la historia y sobre nuestras propias vidas. Mientras describo este proceso comunal, imagina que formas parte de él y deja que la historia del tallador de madera evoque la tuya.

Para empezar, el facilitador pide un voluntario para leer el primer párrafo, otro para el segundo, etc., hasta que se ha leído todo el cuento. Escuchar la historia leída en voz alta con diferentes voces, con sus distintos énfasis e inflexiones, da idea del rico potencial del proceso comunal.

A continuación, el facilitador hace una pregunta general con la que los participantes puedan empezar a identificarse con el texto:

—¿Qué representa esta historia para ti? ¿Qué tiene que ver con tu vida en este momento? ¿Hay alguna palabra, frase o imagen que refleje directamente tu situación?

Después de un breve silencio, alguien dice:

—Soy profesor. No trabajo con madera, pero veo semejanzas con mi trabajo con los alumnos. Quiero ayudarlos de verdad a encontrar en su interior la «actitud del tallador».

Otro manifiesta:

—La historia me hace pensar en mi trabajo. Estoy continuamente sometido a la presión de obtener resultados, exactamente igual que el tallador de madera. Y me impresiona de verdad.

Y otro señala:

—He de encontrar algún modo de alejarme de las exigencias del día a día para pensar más detenidamente en lo que estoy haciendo, como hizo el tallador de madera. Pero sencillamente no parece que pueda. Envidio a este hombre la posibilidad de reflexionar.

Cuando las personas hablan de cómo se refleja la historia en sus vidas, ocurren al menos dos cosas. Quien habla puede escucharse decir verdades que nunca había pronunciado antes –y, si lo hizo, el hecho de exponerlas ante otras personas le ayuda a tomárselas más en serio–. Quien escucha, aunque no hable, puede ser testigo de cómo alguien le da voz a una verdad que también es *su* verdad, una verdad que nunca hubiera pensado que él diría. Se hable, se escuche o se hagan ambas cosas, el análisis en comunidad de cuestiones referentes a la vida interior, mediante un tercer elemento, puede generar reflexiones importantes.

En mi caso, hablar y escuchar en gran cantidad de círculos de confianza me ha enseñado mucho sobre la incidencia que lo que cuenta la historia del tallador de madera tiene en mi vida. Como facilitador-participante, digo algo así:

> Khing, como yo, está sometido a la presión de tener que ocuparse solo de lo exterior: el príncipe y lo que le ha ordenado, el producto que se supone que le ha de entregar, las herramientas y el material de que dispone, cómo van a evaluar su trabajo los demás. Pero él se aleja de todo ello para centrarse en la verdad interior: no huir del mundo, sino regresar a él de manera que le permita crear algo bello y valioso.
>
> Da este giro interior en una situación muy estresante. La orden de hacer un soporte de campana la da un príncipe que manda en un trabajo que no dispone de manual para el personal ni procedimientos para alegaciones. Imaginemos que Khing lo hubiera hecho todo mal: el príncipe podría haber ordenado que lo mataran. Pese al miedo que debió de sentir, Khing acepta la orden del príncipe y la convierte en decisión propia.
>
> No todas las órdenes, claro está, se pueden o se deben aceptar: a algunas hay que oponerse hasta la muerte. Pero a veces recibo órdenes —de otra persona o de las propias circunstancias de mi vida— que me despiertan algo que no sabía que tenía. Si sé aceptar ese tipo de órdenes y transformarlas en decisiones propias, pueden ocurrir cosas muy buenas.
>
> Cuando fui padre, por ejemplo, no preví lo mucho que mi vida iba a estar «a la orden» de alguien durante muchos años.

Sin embargo, si sé aceptar esa orden como una decisión, mi vida se ensancha, como a mí me ha ocurrido con el trabajo de criar a tres hijos.

En este punto, algunos miembros del grupo empiezan a asentir con la cabeza, pero otros ven las cosas de modo distinto:

—Bueno, ojalá tuviera un jefe que me diera siete días de permiso para considerar lo que se me propone –dice uno.

—Ya quisiera yo tener un trabajo como el de Khing, con solo una tarea a la vez y sin obligaciones familiares. Al fin y al cabo, ese tipo no tenía que cocinar, lavar los platos, cortar el césped ni llevar el coche al taller –dice otro.

Piensan que si su vida estuviera tan libre de compromisos como la del tallador de madera, también ellos podrían vivir con integridad y espíritu creativo, pero, en la realidad, la vida del tallador es, evidentemente, un sueño imposible.

Cuando en el círculo de confianza surgen puntos de vista opuestos, llegamos a un momento crítico. Ahora podemos volver al tema que nos ocupa, seguir con el esquema habitual, hablar de si el mundo realmente limita tanto como la gente asegura, intentando comprender, o dar, una determinada opinión. Ahora nos podemos olvidar de por qué estamos aquí: no para convencer de nada a nadie, ni para llegar a un consenso sobre cómo son realmente las cosas, sino para ayudarnos mutuamente a escuchar a nuestros respectivos maestros interiores.

En momentos como este, el facilitador puede recordarles a los miembros del grupo la analogía del test de Rorschach: nuestras reacciones a «El tallador de madera» dicen más sobre nosotros que sobre el texto, por lo que debemos prestar mucha atención a lo que nosotros mismos digamos. No estamos aquí para debatir el «significado objetivo» del cuento (como si lo tuviera) ni lo que la historia significa para la vida de otro (como si lo supiéramos). Estamos aquí para protegernos, limitarnos y hacernos mutuamente felices en la soledad de cada uno, escuchando cualquier significado que la historia pueda tener y que nuestro diálogo sobre ella nos evoque desde nuestro maestro interior.

Al mismo tiempo, el facilitador debe recordar a los presentes que un texto tiene voz propia, una voz que hemos de escuchar con la misma atención con que escuchamos las voces de otras personas. En este caso, puede señalar que en la historia no se dice en ningún momento que el príncipe le diera a Khing un permiso de siete días para ayunar y olvidar: dice simplemente que Khing pasó por un proceso que le llevó siete días. Tampoco indica la historia que abandonara su vida cotidiana y su casa para retirarse a meditar: es muy posible que ayunara y olvidara sin dejar su vida familiar, su trabajo ni sus obligaciones sociales.

Con tacto pero con firmeza, el mensaje del facilitador ha de ser este: «Tanto si la historia, o la interpretación que alguien haga de ella, te atrae como si te repele, limítate a tomar nota de tu reacción y a reflexionar sobre ella. Pregúntate qué experiencias personales se esconden en ella; pregúntate qué problemas interiores tal vez estés proyectando. Intenta comprender tus propias reacciones, y es posible que descubras que tu maestro interior tiene algo importante que decir».

Pasados unos minutos, el facilitador ya no necesita recordar todo esto a los participantes. Cuando estos empiezan a entender que todo lo que puedan decir sobre un tercer elemento lo dicen sobre sí mismos, todo recordatorio les sale de dentro.

DEFINIR NUESTRA PROPIA VERDAD

Después de invitar a los participantes a que analicen abiertamente la historia durante diez o quince minutos, el facilitador ha de centrar más el diálogo, buscando el equilibrio entre la actitud abierta y la intencionalidad.

Como facilitador, puedo decir algo así: «Las historias como la del tallador de madera siempre recompensan la lectura atenta, de modo que vamos a ir analizándola paso a paso. En primer lugar, fijémonos en cómo Chuang Tzu dibuja la escena en las primeras frases:

> Khing, el maestro tallador, hizo un soporte de campana con maderas preciosas. Cuando lo hubo terminado, todos aquellos que lo veían quedaban asombrados. Decían que parecía obra de los espíritus.
> El príncipe de Lu preguntó al maestro tallador:
> —¿Cuál es tu secreto?
> Khing replicó:
> —Yo no soy más que un trabajador: carezco de secretos.

»Aquí, Khing está rodeado de unos espectadores aturdidos por la belleza del soporte de la campana. Dicen que parece obra de los espíritus. El príncipe pregunta: "¿Cuál es tu secreto?" y Khing responde: "Yo no soy más que un trabajador: carezco de secretos". ¿Cómo interpretáis lo que aquí ocurre? ¿Qué creéis que intentan decirse unos a otros los protagonistas de la historia?».

Uno de los integrantes del círculo opina que el príncipe y los demás simplemente estaban asombrados por la capacidad de crear belleza del tallador de madera. Otro señala que codiciaban el «secreto» de Khing, para poder producir su obra en serie y comercializarla como producto especial de Walmart.* Otro piensa que el príncipe se sentía amenazado por los poderes del tallador e intentaba hacerse con el mando desvelando los secretos de este. Otro, en cambio, está convencido de que tanto el príncipe como las demás personas intentaban eludir el reto de usar sus propias dotes humanas tratando al tallador como si fuera sobrehumano.

Mientras los componentes del grupo van hablando, descubrimos al menos dos cosas. Una, que cada uno interpreta las primeras frases de forma distinta debido a sus diferentes problemas interiores. Otra, que del mismo modo que proyectamos nuestras necesidades en la historia, los protagonistas de esta proyectan las suyas en el tallador de madera. El origen de las proyecciones que se dan en la historia puede ser el asombro, el interés comercial, las ansias de poder o la autorrenuncia, pero una cosa parece clara: a medida que se desarrolla la acción, Khing se ve rodeado por unas potentes proyecciones que lo convierten en una especie de mago.

Es evidente que al ego de Khing le gustaban estas proyecciones. Esta es, al menos, mi respuesta al test de Rorschach. ¿A quién no le agrada que le atribuyan poderes sobrehumanos? Aceptamos proyecciones de este tipo continuamente; es la pose profesional: «Claro que tengo un secreto. Pero he invertido mucho tiempo y dinero en formarme como médico

---

* Walmart es una corporación multinacional de tiendas de origen estadounidense, que opera cadenas de grandes almacenes de descuento.

(o contable o mecánico), y no voy a desvelarlo. Puedo contarte algunos trucos de mi oficio, pero utilizaré palabras tan oscuras que no entenderás lo que diga».

Pero Khing se resiste a lo que la gente proyecta en él. ¿Por qué? Porque sabe que, en cuanto sucumbimos a la definición que otro hace de nosotros, perdemos el sentido del verdadero yo y de nuestra relación con el mundo. No importa que esas proyecciones nos conviertan en héroe o en villano: si dejamos que los demás nos definan, perdemos el contacto con nuestra propia verdad y minamos nuestra capacidad de cocrear con «el otro» de una forma que nos dé vida.

No tienes que ser maestro de nada para quedar atrapado en una red de proyecciones: solo necesitas vivir y trabajar con otras personas. El profesor recibe las proyecciones de los alumnos que dicen: «Usted es el especialista. Díganos las respuestas para que no tengamos que pensar», tentándolo a que les facilite información en lugar de ayudarlos a aprender. El escritor recibe las proyecciones del lector que dice: «Escribiste un libro sobre el tema, de modo que has de conocerlo muy bien», tentándolo así a que desista del espíritu del que no sabe, el alma del mejor pensamiento y de las mejores obras. Los padres reciben las proyecciones de sus hijos, los jefes de sus empleados, los políticos de los ciudadanos: la lista es interminable y las proyecciones distorsionan sin fin.

Por esto el tallador de madera se resiste a que la gente lo defina desde fuera. Con sencillez y claridad, reivindica el derecho de definirse de dentro hacia fuera: «Yo no soy más que un trabajador: carezco de secretos». Si somos incapaces de dar este primer paso fundamental de protegernos de las proyecciones y reservarnos el derecho de definir nuestra propia verdad, nos perdemos en un eterno ilusionismo y no podemos siquiera encontrar la señal que nos indica el camino hacia nuestra vida interior.

Al analizar las primeras frases de «El tallador de madera», todos los del grupo empiezan a hacerse preguntas: «¿Qué proyecciones me rodean?», «¿De dónde proceden?», «¿Qué las impulsa?», «¿Cómo distorsionan mi sentido del yo?», «¿Cómo puedo definir y reivindicar mi propia verdad?». Este tipo de preguntas, y las respuestas que les demos, son pasos fundamentales en el camino hacia una vida no dividida.

EL TRABAJO PREVIO A LA OBRA

El tallador sabe que para realizar un buen trabajo debe ocuparse de las limitaciones externas sin comprometer su libertad interior, dejando que ambos extremos se entremezclen como las superficies de la cinta de Moebius. De ahí que no empiece por centrarse en el trabajo que el príncipe le encargó, sino en algo mucho más personal: el trabajo interior de reivindicar el verdadero yo, un trabajo en el que no cesa a lo largo de toda la historia.

Cuando analizamos el relato en un círculo de confianza, la gente se da cuenta de que Khing, a quien se le pidió que creara esa magnífica obra de arte, no dice nada sobre el cincel que empleó, el ángulo en que lo sostuvo ni la presión que aplicó al tallar la madera.

Una razón, evidentemente, es que alguien que lleva años perfeccionando su oficio conoce muy bien las herramientas y las técnicas. Pero hay otra razón más profunda de su silencio sobre los aspectos técnicos de su trabajo: por importantes que sean, no son la parte más difícil de traer la verdad y la belleza al mundo. El auténtico reto es la formación del corazón humano que está detrás de la habilidad de las manos.

A esta parte de la historia la llamo «el trabajo previo a la obra», una expresión que procuro recordar cuando recibo algún «encargo». Antes de ponerme a trabajar en el mundo, tengo que realizar un trabajo interior:

> Cuando empecé a pensar en el trabajo que me ordenasteis, guardé mi espíritu, no lo malgasté en minucias que no tuvieran nada que ver con él. Ayuné para serenar mi corazón. Después de tres días de ayuno, había olvidado las ganancias y el éxito. A los cinco días, había olvidado los halagos y las críticas. Al cabo de siete días, había olvidado mi cuerpo con todas sus extremidades.

El hecho de que Khing, que acaba de decir que no tiene ningún secreto, pase a desvelar lo que parece ser un secreto de primer orden con la descripción del viaje interior que lo llevó del encargo del príncipe al árbol en el que se encontraba el soporte de la campana encierra una bonita paradoja. Como facilitador de un círculo de confianza, invito a sus componentes a tomar esta definición no como una fórmula que haya que aplicar, sino como una serie de imágenes para estimular la imaginación. ¿Qué significa, en tu caso, «guardar», «ayunar» u «olvidar»? ¿Qué haces, o quisieras poder hacer, para llegar a este lugar interior al que llega Khing antes de entrar en el bosque? ¿Cuál es tu versión del viaje interior hacia la vida no dividida?

Estas son algunas de mis respuestas a esta parte del test de Rorschach. Para describir el primer paso hacia su interior,

Khing dice: «Guardé mi espíritu». Puede parecer aquellas ilusorias segunda y tercera fases de la relación de nuestras vidas interior y exterior: un esfuerzo por ocultarnos detrás de un muro y tener el mundo controlado. Pero no es así como Khing describe lo que entiende por «guardar».

Dice: «Guardé mi espíritu, no lo malgasté en minucias que no tuvieran nada que ver con él». En lugar de guardar su espíritu del mundo exterior —un mundo que siempre está con nosotros y del que no podemos escapar—, lo guardó de su propia inclinación a emplearlo en minucias, a responder a las fuerzas externas con reflexiones fuera de lugar, y no con autodeterminación reflexiva.

En particular, Khing se guardó del reflejo llamado miedo. Cuando dice: «Ayuné para serenar mi corazón», reconoce que su corazón tuvo miedo cuando recibió la orden del príncipe.

Como buen conocedor del miedo, me reconforta que Khing, que durante mucho tiempo ha hecho tan bien su trabajo que se le conoce como «maestro tallador», sintiera miedo una vez más cuando se le hizo ese nuevo encargo. Cuando era joven, ansiaba que llegara el día en que, asentado en la experiencia que da la edad, pudiera realizar mi trabajo sin ningún miedo. Pero hoy, a mis sesenta y tantos años, me doy cuenta de que sentiré miedo de vez en cuando el resto de mi vida.

Es posible que nunca me libre del miedo. Pero, como Khing, puedo aprender a afrontarlo y superarlo siempre que aparezca. Por esto me fascina su siguiente paso en su viaje interior: agudiza la conciencia de que vive en la cinta de Moebius definiendo las fuerzas interiores que le causan miedo, unas fuerzas de las que debe guardar a su espíritu para que no distorsionen su relación con el mundo exterior. En particular, se refiere a «las ganancias y el éxito» y a su vulnerabilidad a «los halagos y las críticas».

El mundo utiliza el castigo y la recompensa para motivarnos, para redirigirnos o para mantenernos a raya. Pero ni uno ni otra pueden funcionar mientras no los interioricemos. El mundo solo tiene poder sobre nosotros cuando aceptamos su lógica. Por esto Khing, para no aceptarla, «ayuna» y «olvida». Evidentemente, decir que olvidamos las ganancias y el éxito, los halagos y las críticas es más fácil que hacerlo. Pero proclamar en voz alta nuestros miedos, como Khing hace y como nosotros podemos hacer en el círculo de confianza, es un primer paso para superarlos.

A continuación Khing dice que ha olvidado su «cuerpo con todas sus extremidades». A veces las personas creen que estas palabras menosprecian el cuerpo, pero mi respuesta al test de Rorschach es todo lo contrario. Cualquiera que para su trabajo requiera una gran habilidad física –como el tallador de madera, el deportista o el músico instrumentista– ha de confiar implícitamente en su cuerpo, lo cual equivale a «olvidar». ¿Qué pasaría si el *shortstop** de béisbol o el concertista de piano tuvieran que dedicar siquiera una milésima de segundo a cerciorarse de que tienen las manos en la posición correcta? Probablemente correrían el riesgo de no atrapar la pelota o de equivocarse a mitad de una composición de Chopin.

Cuando nos «olvidamos» así del cuerpo, descubrimos el auténtico significado del viejo dicho: «El cuerpo tiene su

---

* En béisbol, *shortstop* (campocorto, parador en corto, paracorto o torpedero según el país) es aquel jugador que ocupa la posición entre la segunda y tercera bases.

propia mente». También quienes no jugamos al béisbol ni tocamos el piano hemos de aprender a confiar en el conocimiento corporal como parte de nuestra orientación interior. Al hacerlo, como el tallador de madera, nos volvemos menos receptivos a las órdenes que nos llegan de fuera y más al maestro interior. Comenzamos a vivir en más íntima conformidad con nuestra propia alma.

Cuando en el círculo de confianza analizamos el «trabajo previo a la obra», nos ocupamos con determinación, en voz alta o en silencio, de muchas cuestiones importantes acerca del viaje interior:

- ¿Cómo guardo mi espíritu? ¿Creo siquiera que he de guardarlo, o simplemente las condiciones me obligan a entregarlo?
- ¿Qué miedos me paralizan? ¿Puedo nombrarlos con la misma claridad liberadora con que Khing nombra las ganancias y el éxito, los halagos y las críticas y la confianza en su cuerpo?
- ¿Cuáles de mis costumbres se asemejan a las de Khing de «ayunar» y «olvidar» y podrían ayudarme a afrontar y superar mis miedos para reivindicar mi verdadero yo?

Cuando el tallador de madera se ocupa de este tipo de preguntas, su viaje emerge desde el «interior» de la cinta de Moebius y lo conduce hacia el compromiso con el mundo «exterior»:

A esas alturas, todo pensamiento acerca de su alteza y la corte se había desvanecido. Todo aquello que pudiera distraerme de mi trabajo había desaparecido. Estaba concentrado en el único pensamiento del soporte para la campana. Entonces fui al bosque para ver los árboles en su propio estado natural. Cuando ante mis ojos apareció el árbol adecuado, también apareció sobre él el soporte, claramente, más allá de toda duda. Todo lo que tuve que hacer fue alargar la mano y empezar.

Mucho antes de que el soporte de la campana entre en escena, el «trabajo previo a la obra» produce tres efectos que podemos analizar en un círculo de confianza y que nos llevan a reflexionar sobre las semejanzas de nuestra propia vida.

Pensemos, en primer lugar, en el atrevimiento del tallador al dirigirse al príncipe con estas palabras: «A esas alturas, todo pensamiento acerca de su alteza y la corte se había desvanecido. Todo aquello que pudiera distraerme de mi trabajo había desaparecido». Es como si el jefe te preguntara cómo conseguiste hacer tan bien lo que te pidió y contestaras: «Bueno, la verdad es que tuve que olvidarme de usted y de esta empresa».

Lo cual, evidentemente, es verdad. Cuando atendemos más a las expectativas del jefe o a la cultura corporativa que a los imperativos del alma, no podemos cocrear nada auténtico y hermoso. Si aquel hombre del Departamento de Agricultura no se hubiera permitido dejar de pensar un rato en su jefe y toda la burocracia, nunca habría oído decir al maestro interior: «Le rindes cuentas a la Tierra».

En segundo lugar, señala Khing: «Estaba concentrado en el único pensamiento del soporte para la campana». No dice (como bien pudiera haber dicho): «Me concentré y di con el plan perfecto para tallar el soporte de la campana». Cuando dice «estaba concentrado», indica que abandonó sus propias intenciones y renunció a su ego, con lo cual pudo unirse a una verdad superior que dio forma a su trabajo. Aquí, creo, radica el núcleo de nuestras ansias espirituales: estar unidos a algo superior y más auténtico que nuestro propio ego y sus designios.

En tercer lugar, el trabajo interior de Khing lo adentra en el bosque, de vuelta al mundo «exterior»: «Entonces fui al bosque para ver los árboles en su propio estado natural [...] Todo lo que tuve que hacer fue alargar la mano y empezar». El viaje interior, si se realiza bien y con fe, siempre nos devuelve al mundo de la acción.

Pero cuando regresamos a ese mundo, nos encontramos en un lugar distinto del de partida. Ahora Khing no tiene necesidad de imponer a los árboles planes ambiciosos y que le provoquen ansiedad. Entra en el bosque dueño de su propia verdad y, por ello, es capaz de ver la verdadera naturaleza de cada árbol. En uno vio el soporte de la campana, «claramente, más allá de toda duda», no porque poseyera un conocimiento superior de los árboles, sino porque se conocía mejor a sí mismo.

Cualquier tipo de trabajo tiene su equivalente al árbol del tallador. Para el padre es el hijo; para el escritor, las palabras; para el mecánico, la máquina.[7] Si no nos vemos a nosotros mismos con claridad, solo podemos ver lo otro «a través del cristal, borrosamente». Sin embargo, en el momento en que tenemos clara nuestra propia identidad, como la tiene el tallador de madera, podemos ver mejor también la identidad de lo otro. Y de este conocimiento más verdadero emerge la cocreación más auténtica.

ESTE ENCUENTRO VITAL

Después de decir: «Todo lo que tuve que hacer fue alargar la mano y empezar», Khing concluye así su historia:

Si no me hubiera encontrado con este árbol en particular, no habría habido soporte para la campana. ¿Qué pasó? Mi pensamiento concentrado se encontró con el potencial oculto en la madera. De este encuentro vital surgió el trabajo, que vos atribuís a los espíritus.

Cuando afirma: «Si no me hubiera encontrado con este árbol en particular, no habría habido soporte para la campana», Khing cuestiona el engreimiento que anida en nuestra idea de profesionalidad. Me refiero a la arrogancia de pensar que, con los conocimientos adecuados, las debidas habilidades y el poder para imponer nuestra voluntad, siempre podemos obtener los resultados deseados de las «materias primas» que se hallan a nuestra disposición.

Khing sabe que no es así. Como todo buen jardinero, alfarero, profesor y padre, sabe que lo «otro» con lo que trabajamos nunca es una simple materia prima a la que haya que dar la forma que decidamos. Todo «otro» con lo que trabajemos tiene su propia naturaleza, sus propias limitaciones y potencialidades, con las que tenemos que aprender a cocrear si esperamos obtener auténticos resultados. El buen trabajo es relacional, y sus resultados dependen de lo que seamos capaces de obtener uno de otro.

En el corazón de esta historia hay una verdad que me costó mucho tiempo ver, debido en parte a que no se dice explícitamente y en parte porque me abruma: para poder crear el soporte de la campana, hubo que talar el árbol. El soporte no habría emergido si Khing no hubiese estado dispuesto a serrar el árbol y dejar el serrín en el suelo del bosque.

Hallo constantes paralelismos con este hecho en mi propio trabajo como profesor. De vez en cuando me encuentro con un alumno en quien creo ver un soporte de campana, alguna dote que el alumno aún no ha descubierto o no le ha dado forma. A veces mi esfuerzo por liberar ese soporte, por difícil que sea para el alumno y para mí, termina llenándonos a ambos de alegría, porque él finalmente está preparado y dispuesto a definir y reivindicar esa cualidad suya.

No obstante, en ocasiones «talar» solo causa dolor, por uno de los siguientes motivos. A veces el alumno tiene el soporte de campana en su interior pero se resiste al proceso de liberarlo. Este alumno no está preparado para aceptar su talento, y yo soy el hombre de la historia de Kazantzakis que intenta forzar la vida en la mariposa. Y a veces el alumno no tiene lo que yo vi. He proyectado una cualidad que no existe porque mi ego quiere que ese alumno sea alguien que no es, quizás para demostrar lo buen profesor que soy. En este caso, si no retiro mi falsa proyección a tiempo, puedo causarle mucho daño.

El buen trabajo es un empeño arriesgado. Cuando el fracaso me empuja a reconocer esos riesgos, es muy fácil que el miedo me paralice y, por ejemplo, haga que vuelva a la seguridad de enseñar de memoria y no basándome en la relación. En esos momentos, hay una frase de «El tallador de madera» que me llega mucho más que cualquier otra: «Todo lo que tuve que hacer fue alargar la mano y empezar». Una vez que has reconocido el fracaso, el propio hecho de alargar la mano y empezar de nuevo puede ser un acto de auténtica valentía.

Pero las palabras finales de Khing nos invitan a superar el miedo, a volver al núcleo esperanzado de la cuestión: «De este encuentro vital surgió el trabajo, que vos atribuís a los espíritus». Los encuentros vivos son asociaciones en las que actúan los plenos poderes de dos o más seres: el tallador y el árbol, el profesor y el alumno, el líder y quien lo sigue. En mi opinión, esta historia trata de contribuir a que existan más asociaciones de este tipo.

Los encuentros vivos son impredecibles, arriesgados y todo un reto. No ofrecen garantías, por lo que gozan de menos popularidad que esas «colisiones inertes» en las que nos tratamos mutuamente como si fuéramos objetos. Sin embargo, los encuentros vivos nos ofrecen algo de lo que las colisiones inertes carecen: rebosan de la vitalidad que hace que merezca la pena vivir la vida y aumentan las probabilidades de que realicemos un trabajo que también tenga su mérito.

Al concluir nuestro análisis de «El tallador de madera» en el círculo de confianza, salimos más conscientes de la vida en la cinta de Moebius. El diálogo reflexivo y respetuoso ha estimulado al maestro interior y ha generado ideas que tal vez no se nos hubieran ocurrido de haber considerado esa historia solos. Pero una vez explorada en el círculo de confianza, el propio tallador puede acompañarnos en nuestro viaje. Cuando un tercer elemento cobra vida para nosotros en comunidad, podemos establecer un diálogo con él mucho después de que el círculo se haya disuelto.

O esto es, al menos, lo que a mí me ha ocurrido con Khing, el tallador de madera, un personaje que me ha orientado desde que lo conocí en comunidad hace ya unos treinta años. Con la vida que ha cobrado en mi imaginación después de tantos círculos de confianza, lo he tenido y tengo a mi disposición en todos los momentos de mi existencia.

CAPÍTULO VII

LO PROFUNDO LE HABLA A LO PROFUNDO

Aprender a hablar y escuchar

Y así apelo a una voz, a una sombra,
a una región remota y esencial de todo hablante;
aunque es posible que nos engañemos, debemos considerarla
—no sea que el desfile de nuestra vida en común se pierda en la
oscuridad.[1]

WILLIAM STAFFORD

UNA HISTORIA DEL MAESTRO INTERIOR

Acercarse a la verdad del alma mediante el uso de terceros elementos ayuda a crear un círculo de confianza. Pero formamos o rompemos el círculo según sea nuestra forma de hablarnos, escucharnos y respondernos mutuamente acerca de un poema, una cuestión, un sentimiento o un problema. En este sentido, nos regimos por esta norma simple pero contracultural: «No arreglar, no salvar, no aconsejar, no corregirnos unos a otros». Quiero contar una historia sobre lo difícil, y revelador, que puede ser cumplir esta norma.

En un círculo de confianza con miembros de distintas razas, había una profesora de secundaria, caucásica, Janet, que durante todo el primer retiro se sentó en silencio, distraída y con cara de enfado. Nadie la incordió preguntándole qué le ocurría ni la ignoró simulando que no estaba ahí. Al contrario, todos seguían con su diálogo sin dejar de estar presentes y abiertos a Janet, deseosos de que apareciera su alma.

Al principio del segundo retiro, mientras el grupo consideraba un poema que se refería a cuestiones sociales, empezó a aflorar el descontento de Janet. Lo estaba pasando muy mal en el aula, y todo era culpa de «esos alumnos», y con «esos alumnos» se refería a los afroamericanos. Pero nadie la invadió cuestionando su actitud racista ni la evitó simulando que no la oía, pese a que en el círculo había muchos profesores, blancos y afroamericanos, que debían de sentirse muy molestos por lo que decía su compañera. Todo el mundo siguió aguardando el alma de Janet.

A veces, sus quejas eran recibidas con un respetuoso silencio antes de que alguien comentara algo del poema. De vez en cuando, alguien le respondía con una pregunta abierta y sincera, que le daba la oportunidad de analizar la situación: «¿Qué fue lo primero que te hizo sentir así?» o «¿Qué es lo que te resulta más difícil de esto o eso otro?», pero ella casi siempre utilizaba estas preguntas no para el análisis, sino para insistir en sus quejas.

En ocasiones, otros profesores hablaban de sus relaciones con los alumnos, y un par de profesores afroamericanos hablaron de sus problemas con los suyos, casualmente blancos. Eran historias que se contaban no para criticar a Janet, sino como testimonio sincero de que todos estamos juntos en este propósito. Y en una de esas historias había un componente tan gracioso de «cables cruzados» culturales que durante un momento ese espinoso tema se hizo más llevadero.

Janet estuvo luchando con sus demonios interiores durante el segundo y el tercer retiros. Luego, con lágrimas en los ojos, le contó al grupo que después del cuarto retiro se había producido algo importante: le horrorizó oírse decir lo que estaba diciendo. Había decidido construir una nueva relación con su alumno más difícil, de cuya vida había descubierto cosas que la hicieron pasar de la ira a la comprensión. Tenía menos dificultades en el aula y actuaba teniendo presente que gran parte del problema estaba en su propio interior.

Hay veces, evidentemente, en que hemos de abordar sin tapujos cuestiones delicadas como la del racismo. Pero ese tratamiento raramente lleva a una transformación: algunas personas se sienten forzadas a cambios «del corazón» que duran muy poco y otras se aferran con mayor fuerza a sus maneras equivocadas. La transformación de Janet fue profunda y duradera, y fue posible gracias a una comunidad que confió en el maestro interior de Janet y dejó que esta lo escuchara.

POR QUÉ QUEREMOS AYUDAR

«No arreglar, no salvar, no aconsejar, no corregirnos unos a otros»: la regla es simple, pero regirse por ella es difícil para personas habituadas a corregirse mutuamente como parte de su modo de vida. En cierta ocasión, después de exponerla al principio de un círculo de larga duración, alguien espetó:

—Entonces, ¿qué demonios *vamos a hacer* unos con otros en los próximos dos años? Acabas de excluir lo único que sabemos hacer.

Lo cual, como suele decirse, no es broma, en especial para quienes nos dedicamos a las llamadas profesiones de ayuda y que a veces actuamos como si nuestra única razón de ser fuera corregir a los demás. Hace poco facilité una sesión en la que una participante estaba tan segura de que el alma de otro mortal dependía de sus consejos –¡no hay norma que valga!– que tuve que pedirle varias veces que dejara de insistir.

¿Qué *hacemos*, entonces, en un círculo de confianza? Hacemos lo que hizo la gente del círculo de Janet: decimos nuestra propia verdad; escuchamos con actitud receptiva la verdad de los demás; en lugar de dar consejos, nos hacemos mutuamente preguntas abiertas y sinceras, y nos ofrecemos unos a otros el don vigorizante y rehabilitador del silencio y la risa.

Esta forma de estar juntos va tan a contracorriente que requiere una explicación clara, una práctica constante y una imposición respetuosa pero firme por parte del facilitador, para evitar que volvamos a los modos habituales. Pero una vez que la hemos vivido, deseamos asumir esta otra forma de relacionarnos, con los amigos, la familia, los compañeros de trabajo y en la vida en general.

Si queremos aceptar el espíritu y la letra de la ley que rige en un círculo de confianza, debemos entender por qué la costumbre de arreglar, salvar, aconsejar y corregirse mutuamente está tan enraizada en nuestra vida. Hay veces, claro está, en que es un hábito inocuo, cuando lo que nos mueve no es más que la comprensión. Tienes un problema, lo compartes conmigo y, deseoso de ayudarte, te doy mi consejo con la esperanza de que te sea útil. Y nada más.

Pero cuanto más se agudiza tu problema, menos probable es que mis consejos te vayan a servir de algo. Tal vez sepa cómo repararte el coche o ayudarte a escribir un artículo, pero no sé cómo sacarte de tu hundimiento profesional, recomponer tu matrimonio roto ni salvarte de la desesperación. Mi respuesta a tus problemas más profundos solo refleja lo que yo haría en tu caso, un caso en el que no me encuentro. Y aunque fuera tu clon psicoespiritual, la solución que te diera te serviría muy poco si no saliera del interior de tu alma y la asumieras como propia.

Ante nuestras dudas más profundas —aquellas que se nos invita a analizar en los círculos de confianza—, la costumbre de aconsejarnos mutuamente hace que se manifieste el lado oscuro de nuestra intención de ayudar. Si ese lado oscuro pudiera exponer sus principios, creo que diría algo así: «Si sigues mi consejo, ten la seguridad de que resolverás tu problema. Si sigues mi consejo pero no consigues resolver el problema, será porque no pusiste todo tu empeño. Si no sigues mi consejo, yo hice cuanto pude. De modo que estoy cubierto. Pase lo que pase, ya no he de preocuparme por ti ni por tu fastidioso problema».

El lado oscuro de los «arreglos» que ofrecemos para asuntos que no podemos resolver es, paradójicamente, el deseo de tenerlo todo controlado. Se trata de una estrategia para abandonarnos mutuamente sin dejar de aparentar que nos preocupamos los unos de los otros. Tal vez esto explique por qué una de las quejas más habituales de nuestra época es que «no hay nadie que realmente me vea, me oiga y me comprenda». ¿Cómo nos podemos comprender los unos a los otros si, en lugar de escuchar con atención, nos apresuramos a procurar arreglar a esa persona para eludir cualquier otro compromiso? La sensación de aislamiento e invisibilidad que marca tantas vidas —y no en menor grado la de los jóvenes, a quienes intentamos arreglar constantemente— se debe en parte a un modo de «ayudar» que nos permite apartarnos de los demás.

Cuando cuentas tus problemas más profundos, no quieres que nadie te arregle ni te salve: quieres que te vean y te escuchen, que comprendan tu verdad y la acepten. Si tu problema es del alma, solo esta sabe lo que debes hacer, y mi arrogante consejo no hace sino devolver tu alma al bosque. Por esto, el mejor servicio que te puedo hacer cuando te abres a mí es mantenerte sinceramente en un espacio en el que puedas escuchar a tu maestro interior.

Pero para ello se necesita tiempo, energía y paciencia. A medida que pasa el tiempo, sin ningún signo exterior de que algo esté ocurriendo, comienzo a angustiarme, a sentirme inútil y estúpido y a pensar en todo lo demás que tengo que hacer. En lugar de mantener abierto el espacio que media entre nosotros para que escuches tu alma, lo lleno de consejos, no tanto para satisfacer tus necesidades como para aliviar mi ansiedad y seguir con mi vida. Así puedo desentenderme de ti, alguien que tiene algún problema que le agobia, mientras me digo: «Intenté ayudar». Me voy con la sensación de haber sido bueno. Y tú te quedas con la de que no se te ve ni se te escucha.

¿Cómo cambiamos estas costumbres tan arraigadas de arreglar, salvar, aconsejar y corregirnos mutuamente? ¿Cómo aprendemos a estar presentes los unos para los otros diciendo nuestra propia verdad, escuchando la verdad de los demás, haciéndonos preguntas abiertas y sinceras y ofreciendo los dones de la risa y el silencio? Estas formas de estar juntos son tan importantes en el círculo de confianza que cada una tiene su propio capítulo en este libro. Este capítulo está dedicado a aprender a hablar y escuchar; el capítulo VIII, al arte de hacer preguntas abiertas y sinceras, y el capítulo IX, a explicar el poder curativo del silencio y la risa.

HABLARNOS A NOSOTROS MISMOS

¿Qué significa decir «nuestra propia verdad» en un círculo de confianza? Es evidente que no se puede contestar la pregunta desde el punto de vista de su contenido, que variará enormemente en función de quién hable y cuándo hable.

Pero, cualquiera que sea el contenido, decir nuestra verdad en un círculo de confianza siempre se hace de la misma forma: hablamos *desde* nuestro propio centro *al* centro del círculo —al corazón receptivo del espacio comunal—, donde lo que digamos será recibido con atención y respeto. Esta forma de hablar difiere notablemente de las conversaciones cotidianas en las que hablamos *desde* nuestro intelecto o ego directamente *al* intelecto o el ego de otra persona en la que esperamos producir algún efecto.

El discurso habitual es más «instrumental» que «expresivo», y va destinado a alcanzar algún objetivo más que a decir la propia verdad. Cuando hablamos de forma instrumental, intentamos influir en el oyente informándole, rebatiéndole o haciendo causa común con él. Pero cuando hablamos expresivamente, lo hacemos para manifestar nuestra verdad más íntima y aceptamos al maestro interior haciéndole sabedor de que atendemos su voz. Nuestro propósito no es enseñarle nada a nadie, sino darle una oportunidad al maestro interior para que nos enseñe.

Naturalmente, es difícil saber cuándo hablamos desde el alma y no desde el intelecto o el ego, porque estos insisten en que *ellos* son el centro de nuestra vida y quienes dicen la verdad. Aprender a distinguir las diferentes voces de nuestro interior requiere tiempo, y más aún conseguir acceder de forma regular a la voz del alma. Los signos de que estamos hablando *desde* nuestro centro interior son sutiles, tanto como la calma de las aguas del estanque: la capacidad de reconocerlos se desarrolla lentamente al hablar en un espacio donde nadie mueve las aguas para que formen ondas.

UNA PLENITUD OCULTA

Es difícil saber cuándo hablamos *desde* nuestro propio centro, pero no cuesta tanto saber cuándo le hablamos *al* centro del círculo: hablar de forma expresiva es menos estresante que su opuesto instrumental. Cuando nos dirigimos directamente a los demás para conseguir un objetivo, sentimos la angustia que intentar influir provoca. Pero cuando le hablamos al centro del círculo, sin necesidad de obtener un resultado, nos sentimos serenos y con fuerza. En este caso, nos expresamos sin otro motivo que decir la verdad, y los sentimientos de autoafirmación que acompañan a ese discurso refuerzan la práctica.

La forma de *escuchar* en el círculo de confianza es tan importante como la forma de *hablar*. Cuando alguien habla desde su centro al centro del círculo, los demás tenemos la posibilidad de no responder como solemos hacerlo: afirmando, negando o con cualquier otro modo de intentar influir en quien habla. Así asimilamos lo que se diga con la máxima receptividad de que somos capaces.

La escucha receptiva es un acto introspectivo e invisible. Pero en el círculo de confianza tiene al menos tres signos externos y visibles:

- Intercalar silencios breves y de reflexión entre los diferentes hablantes, en lugar de apresurarse a responder, unos silencios que acepten a quienes hablen y den tiempo a todos para asimilar lo que se haya dicho y para ralentizar la dinámica del grupo lo suficiente para que todo el que quiera hablar pueda hacerlo.
- Responder a quien habla no con un comentario sino con preguntas abiertas y sinceras que no tienen otro fin

que ayudarlo a escuchar mejor lo que esté manifestando, un arte difícil que es el tema del capítulo siguiente.

- Aceptar y honrar cualquier modo de decir la verdad propia de forma abierta al centro del círculo, como simple testimonio personal, sin intención de afirmar ni negar a otros hablantes.

Cuando las personas hablan de forma instrumental, es casi imposible escuchar con actitud receptiva lo que otro diga. Escuchamos, en el mejor de los casos, con la mitad de la mente y filtramos con afán lo que oímos para poder aceptar aquello en lo que estamos de acuerdo y rechazar el resto. Es decir, escuchamos con nuestro ego. Pero cuando las personas hablan de forma expresiva, escuchamos abiertamente, con el alma. En este caso, atendemos plenamente a lo que están manifestando, sabedores de que se esfuerzan sinceramente por expresar su propia verdad.

A medida que aprendemos a escuchar de este modo, ofrecemos el regalo de «escucharnos para hablar».[2] Cuando escuchamos de forma más abierta, el que habla empieza a confiar en que nuestro único deseo es darle seguridad para que cuente su verdad, y así se abre más.

Como todo regalo que se da, también es un regalo para quien lo hace: cuando aprendemos a escuchar más profundamente a los demás, podemos escucharnos más profundamente a nosotros mismos. Tal vez sea este el resultado más importante del hablar y escuchar de modo no convencional que se produce en un círculo de confianza.

Cuando nuestro discurso va destinado a influir en otras personas, no nos atrevemos a escuchar con excesiva atención nuestras propias palabras, y mucho menos a ser autocríticos con ellas, no vaya a ser que empecemos a dudar de su validez, nos avergüencen sus implicaciones o de algún otro modo perdamos el apoyo que buscamos. Pero cuando no tenemos que hablar ni escuchar en actitud de enfrentamiento, es mucho más probable que escuchemos lo que hayamos dicho y reflexionemos sobre ello. De este modo tenemos la experiencia irresistible de haber recibido las enseñanzas de nuestro maestro interior.

Cuando hablo desde mi centro al centro del círculo, ante personas que escuchan sin asentir ni disentir de lo que digo, mis palabras simplemente quedan en el espacio que media entre nosotros, a plena vista de todos, yo incluido. En este caso hay más probabilidades de que se produzcan en mi interior diálogos en los que me haga preguntas, me cuestione o me corrobore a mí mismo. Estos diálogos se pueden producir en medio de una reunión, durante la comida o en momentos de insomnio a lo largo de la noche:

- «¿Por qué dije *eso* si realmente no lo creo?».
- «Creo lo que dije, pero no sé muy bien qué significa».
- «Sé desde hace mucho tiempo que lo que dije es verdad para mí, pero hasta ahora no había entendido hasta qué punto».
- «Cuando pienso en la verdad de lo que dije, de repente veo implicaciones para mi vida que nunca había considerado antes».

Muchos hemos estado en sitios donde hay normas básicas para hablar y escuchar. En los grupos de terapia, por ejemplo, se nos pide que facilitemos retroalimentación a quien habla para que pueda comprender el efecto que sus palabras producen en los demás. En los grupos de «indagación apreciativa», se nos dice que parafraseemos lo que dice el que habla para averiguar si entendemos lo que realmente quiere expresar. Son reglas que pueden cumplir una buena finalidad en sus enclaves originales, pero en el círculo de confianza minarían la integridad.

En el círculo de confianza no importa que lo que diga quien habla afecte a quienes lo escuchan (salvo cuando alguien incumple las normas del círculo). Tampoco importa si quienes escuchan entienden lo que el que habla quiso decir. En el círculo de confianza, la única «retroalimentación» que cuenta es la que procede del interior de quien habla, y la única comprensión, la del propio hablante. Lo único que aquí importa es que nos mantengamos juntos en un espacio en que el alma se sienta lo suficientemente segura para decir su verdad —y nosotros lo bastante seguros para ser más receptivos a las implicaciones de esta verdad para nuestra vida.

Lo que ocurre en nuestro interior en un círculo de confianza nos lleva mucho más allá de la autocontemplación narcisista o el reciclado inútil de las ideas autorreferenciales. Conversamos con nuestra propia alma, un diálogo que nos puede cambiar la vida.

CONTAR NUESTRAS HISTORIAS

Cuando el espacio que hay entre nosotros es seguro para el alma gracias a que hablamos sinceramente y escuchamos en actitud receptiva, podemos decir la verdad con particular fuerza, de una forma que está más allá de nuestras opiniones, ideas y creencias. Me refiero a la verdad que emerge al contar las historias de nuestra vida. Como señala el escritor Barry López, la verdad «no se puede reducir a un aforismo o una fórmula. Es algo vivo e impronunciable. La historia crea una atmósfera en que [la verdad] se manifiesta como patrón».[3]

Contar historias está en nuestra esencia como seres humanos porque satisface algunas de nuestras necesidades más básicas: transmitir las tradiciones, confesar los fracasos, curar las heridas, dar esperanza, fortalecer el sentido de comunidad... Pero en una cultura como la nuestra donde lo habitual es invadir o ignorar al prójimo, no se puede dar por supuesta esta práctica ancestral y avalada por el tiempo. Hay que respaldarla en lugares especiales y protegerla con normas claras.

Nuestras historias nos ponen en peligro de que otros quieran arreglar nuestros problemas, se aprovechen de nosotros, nos excluyan o nos ignoren; por esto hemos aprendido a contarlas con reservas o a no contarlas. Vecinos, compañeros de trabajo y hasta miembros de la misma familia pueden vivir unos junto a otros durante años sin saber mucho sobre sus vidas respectivas. La consecuencia es que perdemos algo de gran valor, porque cuanto más sabemos sobre la historia de alguien, más difícil es que lo odiemos o le hagamos daño.

En lugar de contar historias que nos hacen vulnerables, nos refugiamos en abstracciones y hablamos de opiniones, ideas y creencias más que de nuestras vidas. Es una práctica que cuenta con la bendición de la cultura académica, que insiste en que cuanto más abstracto es nuestro discurso, más probable es que nos acerquemos a las verdades universales que nos unen. Pero lo que ocurre es todo lo contrario:

cuanto más abstracto es nuestro discurso, menos conectados nos sentimos. El sentido de comunidad está menos presente entre los intelectuales que en la sociedad «primitiva» de los contadores de historias.

En una reunión cuáquera destinada a la oración, en la que impera el silencio comunal y solo de vez en cuando habla alguien, descubrí algo sobre la conexión entre la comunidad y contar historias. Escuchaba a un hombre que se lamentaba de la muerte reciente de su mejor amigo y contaba una emotiva historia sobre una experiencia que ambos habían compartido. No conocía a ese hombre ni a su amigo, pero la historia que contó hizo que me adentrara en mi propia vida: me recordó a mis propios amigos, lo valiosos que son y la importancia de que les diga que así lo pienso.

Después de diez o quince minutos de silencio, habló otra persona, que describió con asombrosa exactitud lo que había ocurrido dentro de mí al escuchar a la primera persona que habló:

—Creemos que daremos con alguna verdad compartida si nos dedicamos a considerar grandes ideas –dijo–. Pero solo cuando bajamos a lo más hondo del pozo de la experiencia personal, llegamos a las aguas vivas de las que se abastece nuestra vida.

Conozco grupos de diálogo en los que este principio es sometido a un test ácido. Individuos con ideas encarnizadamente opuestas sobre temas espinosos como el aborto o la pena de muerte se reúnen en un retiro durante un fin de semana. En ese tiempo que pasan juntos, se les prohíbe exponer, explicar o defender su postura sobre el tema en cuestión. En su lugar, se los invita a contar historias personales de experiencias que los llevaron a la posición que defienden, mientras los demás escuchan con actitud abierta.

Es un proceso que suele generar más comprensión mutua que otros sistemas de resolución de conflictos, sobre todo porque se les recuerda que experiencias similares pueden llevar a personas distintas a conclusiones completamente diferentes. Encontramos lo que nos une en los detalles que compartimos del viaje humano, no en las conclusiones opuestas que extraemos de esos detalles.

En el círculo de confianza las historias se evocan de muchas formas. Unas veces emergen cuando las personas establecen conexiones espontáneas entre el tema del que se está hablando y sucesos de su propia vida. Otras veces el facilitador pide historias de un determinado tipo: «Háblanos de alguna experiencia en la que tuvieras un profundo sentimiento de comunidad». Y otras el facilitador invita a los presentes a que expongan historias en forma de «estudio de caso», relatos estructurados de determinados momentos de la vida que nos permitan contemplar con atención nuestro viaje por la cinta de Moebius.

A los profesores, por ejemplo, se les pide que aporten estudios de caso de un buen momento y un mal momento en el aula —un momento en que se convencieron de que «habían nacido para la enseñanza» y otro en que «desearon no haber nacido nunca»— para ayudarlos a ver con más claridad que el alma y la función se unen y se separan a lo largo del día.[4]

También evocamos nuestras historias personales mediante los terceros elementos que utilizamos para contribuir a centrar el círculo de confianza. Como veíamos en el capítulo VI, una historia como «El tallador de madera» o un poema como «Ahora me convierto en mí» pueden ayudarnos a aprender de nuestra experiencia de un modo mucho más profundo que el de la simple conversación sobre lo que ocurrió. Las «grandes historias» arquetípicas como estas arrojan luz sobre las «pequeñas historias» de nuestra vida y revelan significados que de otro modo podrían pasarnos desapercibidos.

Cuando contamos nuestras historias personales en un círculo de confianza, las normas básicas prohíben que los demás nos ayuden a «resolver» cualquier problema que esas historias puedan encerrar. No obstante, contar historias en tal círculo de confianza muchas veces genera sólidas soluciones, en la vida de quien habla y en la de quienes escuchan.

Cuando me expreso, en especial si lo hago sobre algo que me produce vergüenza o dolor, es posible que la solución llegue al descubrir que puedo contar mi historia sin que nadie me arroje a las tinieblas exteriores. Me doy cuenta de que las personas reciben sin ningún tipo de juicio lo que les desvelo sobre mí, por lo que me siento libre para ahondar en el tema y llegar a su raíz, cuyo resultado puede ser un autoconocimiento que contenga algo de la solución que necesito.

Como oyente, puedo descubrir que alguien del círculo tiene un problema similar al mío, y cuando lo oigo de labios de otra persona, veo de otro modo mi propio problema. En ocasiones, al escuchar el análisis que hace de una posible solución para su problema, me evoca a mi propio maestro interior. En cualquier caso, y como mínimo, saber que otra persona está atravesando por una situación como la mía hace que no piense que estoy loco ni solo, una sensación que por sí misma puede abrir el camino que me lleve a comprenderme mejor.

Para que una historia cumpla su función de resolvernos problemas de la vida, no es necesario que se convierta en un rompecabezas con una determinada solución ni en una fábula con su moraleja. Contar una historia expresivamente, como fin en sí misma, puede contribuir en muy alto grado a nuestra perspicacia, curación y vitalidad. El filósofo Martin Buber se refería a esta fuerza en una historia sobre cómo contar una historia:

> La historia se debe contar de forma que sea una ayuda en sí misma [...] Mi abuelo era cojo. En cierta ocasión le pidieron que contara una historia sobre su maestro. Y contó que [su maestro] mientras rezaba solía saltar y bailar. Al contarlo, mi abuelo se levantó, y tanto sentía la historia que empezó a saltar y bailar para mostrar cómo lo hacía su maestro. Desde ese momento quedó curado de su cojera. Así es como hay que contar una historia.[5]

QUÉ ES LA VERDAD

El alma quiere la verdad, no banalidades. Por esto, si queremos que el espacio que compartimos acoja el alma, debe ser un espacio en el que se pueda decir la verdad. Nuestra capacidad de crear y proteger este espacio depende de lo bien que entendamos los supuestos sobre la verdad que forman la base de un círculo de confianza y cómo la verdad emerge de ellos.

Estos supuestos no los van a entender quienes piensan que existen respuestas absolutas a las preguntas más profundas de nuestra vida y que quienes conocen estas respuestas tienen la obligación de convertir a los demás. Como bien dejan claro las normas básicas del círculo de confianza —en especial la que prohíbe arreglar, salvar, aconsejar y corregir—, aquí no se acepta la arrogancia del absolutismo.

Pero tampoco se acepta la total inconsciencia del relativismo. De hecho, el propio acto de participar en un círculo de confianza y regirse por sus normas nos lleva más allá de la idea estúpida y peligrosa de que existe «una verdad para ti, otra para mí, y no importa cuál sea la diferencia». Si así lo pensara, sencillamente no me preocuparía por eso tan irritante llamado «comunidad» en la que he de hablar y escuchar de un modo que puede cambiar lo que entiendo por verdad.

Es posible que tengamos ideas distintas de la verdad, pero la diferencia *debe* importarnos. Lo sepamos o no, nos guste o no, lo reconozcamos o no, nuestras vidas están interconectadas en una compleja red de causalidad. Mi modo de entender la verdad afecta a tu vida, y el tuyo afecta a la mía, de manera que las diferencias que nos separan nos importan a los dos. El círculo de confianza acepta tanto lo que nos separa como lo que nos une.

Mi definición de la verdad es muy simple, aunque practicarla sea todo lo contrario: «La verdad es una conversación eterna sobre cosas que importan, mantenida con pasión y disciplina».[6] Es imposible encontrar la verdad en las conclusiones de la conversación, porque estas no dejan de cambiar. Por lo tanto, si queremos vivir «en la verdad», no basta con vivir en las conclusiones del momento. Hemos de encontrar la forma de vivir en permanente conversación, con todos los conflictos y las complejidades que ello conlleva, sin dejar de estar en estrecho contacto con nuestro propio maestro interior.

En el círculo de confianza, podemos habitar en la verdad mediante la conversación. En este círculo, no se ignoran nuestras diferencias, pero tampoco nos enfrentamos en mutuo combate a ellas. Al contrario, se exponen con claridad y respeto. En este círculo, decimos y escuchamos verdades diversas de forma que nos impide ignorarnos los unos a los otros y entrar en duelos verbales, una forma con la que podemos crecer juntos hacia una verdad emergente mayor que revela lo mucho que tenemos en común.

¿Cómo emerge esta verdad mayor en un círculo de confianza y cómo crecemos hacia ella? Se produce cuando creamos juntos un «tapiz de la verdad», un complejo tejido de experiencia e interpretación trenzado con los diversos hilos de las percepciones que cada uno aporta al círculo. Para ello se requiere un telar de disciplina corporativa, lo bastante fuerte para mantener esos hilos en mutua tensión creativa. Un telar que los principios y las prácticas del círculo de confianza facilitan.

Según la sabiduría tradicional, solo llegamos a la verdad compartida enfrentándonos y corrigiéndonos mutuamente en el debate. Pero la experiencia me dice que, en el acaloramiento de la discusión, pocas veces cambiamos de forma de pensar para acercarnos unos a otros. Al contrario, nos distanciamos, y nos alejamos del maestro interior, por miedo a perder la batalla —y la energía que empleamos en intentar ganar nos deja sin recursos para la reflexión y la transformación.

En situaciones combativas, algunas personas se baten en retirada, se esconden en la madriguera de sus creencias para que el conflicto no las afecte. Otras siguen en el campo de batalla y luchan aferrándose aún con mayor fuerza a sus convicciones, que, como buenas armas que son, blanden para ahuyentar a sus enemigos. En medio de la guerra intelectual o espiritual, raramente nos arriesgamos a lanzar esas sondas inciertas y esas ideas vulnerables que pudieran llevarnos a nuevas consideraciones, pero nos dejarían expuestos al ataque. Enfrentados al «enemigo», nos obstinamos más aún en lo que sea que siempre hayamos pensado y es menos probable que aceptemos cuestionamientos que pudieran conducirnos a una nueva forma de entender las cosas.

En cambio, en el círculo de confianza, cuyas normas básicas nos prohíben enfrentarnos y corregirnos unos a otros, ocurre algo excepcional: nos enfrentamos y nos corregimos a nosotros mismos. Dicho con más exactitud: nuestro maestro interior se nos enfrenta y nos corrige. En este círculo, sentimos seguridad suficiente para exponer percepciones provisionales y frágiles. Aquí tenemos tiempo para sentarnos en silencio con nuestras propias ideas y las de los demás: la oportunidad de ver la relación de nuestras percepciones con el patrón más amplio del grupo y de determinar en qué medida queremos aceptar como propio este patrón.

En el círculo de confianza, este tapiz de la verdad se teje continuamente, ante nuestros propios ojos. Mientras contemplo cómo se va formando, observo puntos en los que alguien, tal vez yo mismo, lanza un hilo que parece mejorar el patrón —y puntos en los que alguien, tal vez yo mismo, lanza un hilo que ahora parece discordante—. Poco a poco y de forma orgánica, mi sentido de lo verdadero y lo falso, lo correcto y lo equivocado tiene oportunidad de evolucionar, en un tejido de vida trenzado en un telar llamado círculo de confianza. La verdad evoluciona dentro de nosotros, entre nosotros y alrededor de nosotros cuando participamos en la «conversación eterna».

CAPÍTULO VIII

VIVIR LAS PREGUNTAS

Experimentos con la verdad

Sé paciente con todo lo que no está resuelto en tu corazón e intenta amar las preguntas mismas [...] Vive ahora las preguntas. Quizás así, poco a poco y sin darte cuenta, algún día lejano vivirás la respuesta.[1]

RAINER MARIA RILKE

LA VERDAD OCULTA EN MI MIEDO

Si queremos crear un espacio que acoja el alma, debemos decir nuestra propia verdad al centro del círculo y escuchar con actitud receptiva cuando los demás expresen la suya. También hemos de reaccionar a lo que los demás digan de forma que intensifique esa aceptación, algo que pocas veces ocurre en la vida cotidiana.

Piensa en conversaciones habituales y observa con qué frecuencia nos respondemos mutuamente mostrando acuerdo, desacuerdo o simplemente cambiando de tema. No pretendemos ser poco hospitalarios con el alma; sin embargo, lo somos a menudo. Al interponer nuestras opiniones e imponer nuestros planes, le damos prioridad a nuestro ego y hacemos que el maestro interior de quien habla retroceda.

En el círculo de confianza aprendemos una forma nueva de responder, basada en el arte de hacer preguntas abiertas y sinceras, unas preguntas que invitan a quien habla a intentar hacerlo de manera más profunda y genuina. Si no crees que estas preguntas son poco habituales, observa cuántas te hacen en los próximos días. Las preguntas abiertas y sinceras son contraculturales, pero fundamentales en el círculo de confianza. Formuladas en un espacio seguro, invitan al maestro interior a explayarse en el tema en cuestión. Y le brindan a quien habla la oportunidad de escuchar esa voz sin las interferencias que generamos al imponernos nuestras mutuas predilecciones.

Hace unos años, me di cuenta de que yo mismo necesitaba hablar de nuevo con mi maestro interior. Había cumplido ya los sesenta y me sentía angustiado ante el futuro, por razones que no entendía. Así que invité a unos pocos amigos a que me ayudaran a discernir qué significaba todo aquello que sentía.

Eran personas sensatas y con experiencia, pero no necesitaba que me dieran su opinión ni sus consejos. Necesitaba que me hicieran preguntas abiertas y sinceras, con la esperanza de que pudiera vislumbrar la verdad que se escondía en mi miedo. Siguiendo las normas básicas expuestas en este capítulo, eso fue lo que hicieron por mí. En tres reuniones de dos horas repartidas en ocho meses, crearon un espacio en el que pude descubrir el origen de mi ansiedad.

Poco a poco, y con cierta reticencia, empecé a ver que lo que me asustaba era la inminente colisión de mi edad, mi vocación y mi supervivencia. Desde casi los cincuenta años, había trabajado por cuenta propia, ganándome la vida en parte con la escritura pero sobre todo impartiendo conferencias y dirigiendo talleres por todo el país. Ahora, ya en los sesenta, al volver la vista atrás y ver la interminable sucesión de aeropuertos, habitaciones de hotel, comidas en restaurantes y auditorios llenos de extraños, me preocupaba perder fuerza para este tipo de trabajo y que mis ingresos se redujeran si tenía que dejarlo.

Estuve indeciso ante esta preocupación hasta la tercera reunión del grupo. Hice algún comentario sobre la edad y el miedo, y alguien dijo:

—¿Qué es lo que más miedo te da de hacerte mayor?

No era la primera vez que me hacían esta pregunta; de hecho, era una de las que yo mismo me hacía a menudo. Pero esa vez, mi respuesta surgió de un punto más profundo que el ego o el intelecto, con palabras que nunca había dicho o ni siquiera pensado:

—Me da miedo convertirme en un señor de setenta años que no sepa quién es cuando mis libros ya no se editen y el público ya no me aplauda.

En el momento en que pronuncié esas palabras, supe que había oído hablar a mi alma —y supe que debía actuar sobre ello—. Lo que estaba en juego no era simplemente mi comodidad física y económica, sino mi sentido de identidad y mi bienestar espiritual. Así que empecé a elaborar un programa de jubilación por el que hoy me rijo. Es un programa que me da la oportunidad de descubrir quién más puede haber «ahí dentro» además de un escritor y un conferenciante y de actuar sobre cualquier cosa que pueda averiguar mientras tenga fuerza y tiempo.

APRENDER A PREGUNTAR

No podría haber tomado esa decisión, con todos los riesgos que conlleva, sin un reducido grupo de personas cuyas preguntas abiertas y sinceras crearon un espacio que invitó a hablar a mi alma y me permitió escucharla.

Hacer este tipo de preguntas puede parecer fácil. Pero a muchos nos cuesta formular preguntas que no sean consejos disfrazados. «¿Has pensado en la posibilidad de ir al médi-co?» *no* es una pregunta abierta ni sincera. Las preguntas de este tipo satisfacen mis necesidades, no las tuyas, y, en lugar de suscitar tu propia verdad, te presionan para que aceptes mi versión de tu problema y su solución. Muchos necesita-mos ayuda para aprender a hacer preguntas que inviten a la tímida alma a hablar, no a gritar.

¿Cómo se distingue una pregunta abierta y sincera? Una pregunta *sincera* es la que puedo hacer sin que haya posibili-dad de que me diga a mí mismo: «Sé cuál es la respuesta co-rrecta a esta pregunta, y estoy seguro de que será la que tú me des» —lo cual, evidentemente, es lo que hago cuando te sugiero que vayas al médico—. Una pregunta no sincera ofen-de a tu alma, en parte por mi arrogancia al presumir que sé lo que necesitas y en parte por mi engaño al intentar disfrazar de pregunta mi consejo.

Cuando te hago una pregunta sincera —por ejemplo: «¿Has tenido alguna vez una experiencia que te parezca si-milar a la situación en la que hoy te encuentras?» o «¿Apren-diste de esa experiencia anterior algo que creas que ahora te puede servir?»—, no hay manera de que pueda imaginar cuál es la «respuesta correcta». Ante este tipo de preguntas, el alma se siente acogida para decir su verdad porque no llevan ningún plan oculto.

Una pregunta *abierta* es la que no limita tu campo de análisis sino que lo amplía, la que no te empuja a formular la situación de una determinada forma, o ni siquiera te anima a que lo hagas. «¿Cómo te hace sentir la experiencia que aca-bas de exponer?» es una pregunta abierta. «¿Por qué pareces tan triste?», no.

Todos distinguimos las preguntas abiertas de las cerradas, pero a menudo nos deslizamos sin querer hacia las segundas. Por ejemplo, escucho tu respuesta a una pregunta abierta y me doy cuenta de que no has dicho nada sobre la ira. Casi sin darme cuenta, comienzo a pensar: «Yo de ti estaría realmente enfadado...»; luego pienso: «Seguro que estás reprimiendo la ira, y esto no es bueno...»; y, así, te pregunto: «¿Estás enfadado?».

Puede parecer una pregunta abierta, porque puedes responderla como prefieras. Sin embargo, lo que la impulsa es mi deseo de señalarte cómo *deberías* sentirte, y lo más probable es que asuste a tu alma y la haga huir. El hecho de que yo en tu caso estaría enfadado no significa que tú ocultes la ira en tu interior; por mucho que me cueste creerlo, no todos tienen una vida interior como la mía. Y si es verdad que ocultas la ira en tu interior, mi esfuerzo por sacarla a la luz seguramente hará que la entierres a mayor profundidad, para protegerte de mi presunción. Si estás enojado, serás tú quien se ocupe de ello cuando decidas, no cuando decida yo —y el primer paso será que seas tú quien defina tu enfado, no que aceptes la definición que yo haga—.

«Intenta no adelantarte al lenguaje que emplea quien habla» es un buen punto de referencia para hacer preguntas abiertas y sinceras. Si prestamos atención a las palabras del que habla, podemos hacer preguntas que le inviten a sondear lo que ya sabe pero aún no ha definido del todo. Si te pregunto: «¿A qué te referías cuando dijiste que te sentías "frustrado"?», es posible que te ayude a descubrir otros sentimientos, si es que existen y estás dispuesto a definirlos.

Pero incluso una pregunta como esta te bloqueará si te la hago esperando conseguir que digas «la palabra mágica», por ejemplo, *ira*, que espero escuchar. El alma es un detector de mentiras de una precisión milimétrica. Registra en un instante cualquier tipo de manipulación, y con la misma rapidez huye de él.

En mi propio esfuerzo por aprender a hacer preguntas sinceras y abiertas, me es de gran utilidad disponer de una serie de orientaciones. Pero la mejor manera de asegurarme de que mis preguntas van a acoger el alma es hacerlas con espíritu sincero y abierto. Y la mejor forma de cultivar este espíritu es recordarme regularmente que cada persona tiene un maestro interior cuya autoridad en la vida de esa persona excede con mucho la mía.

La mejor escuela que conozco para observar al maestro interior en acción y aprender a hacer preguntas sinceras y abiertas es un proceso de discernimiento llamado «comisión de claridad», que se ha convertido en práctica habitual en mis círculos de confianza. El nombre hace que parezca algo nacido en los años sesenta, y así es: nació en la década de los sesenta del siglo XVII.

Las comisiones de claridad (así llamadas porque nos ayudan a ver las cosas con claridad) las idearon los primeros cuáqueros. Como iglesia que decidió organizarse sin sacerdotes, los cuáqueros necesitaban una estructura que ayudara a sus miembros a ocuparse de problemas que en otras confesiones la gente simplemente encomendaba al sacerdote o el pastor. Esa estructura debía encarnar dos convicciones cuáqueras fundamentales: no nos guiamos por ninguna autoridad externa, sino por el maestro interior, y para esclarecer y amplificar la voz del maestro interior necesitamos la ayuda de la comunidad.

La comisión de claridad que de ello resultó no es simplemente un lugar donde aprendemos a hacer preguntas sinceras y abiertas. Es un microcosmos reducido de un círculo de confianza mayor, un espacio en el que vivimos una intensa experiencia de lo que significa reunirse para ayudar a alguien en su viaje interior. Cuando las comisiones de claridad se convierten en parte regular de un círculo de confianza en marcha, todo lo demás que ocurra en este círculo se intensifica, y por esta razón lo que queda de este capítulo está dedicado a explicar el proceso de claridad.

ALCANZAR LA CLARIDAD

El proceso empieza con una «persona foco» —alguien que está debatiéndose en algún problema relacionado con su vida personal, laboral o ambas— y se invita a participar a entre cuatro y seis personas, que forman la comisión de claridad.

Entre cuatro y seis no es una sugerencia casual: como mejor funciona la comisión de claridad es con no menos de cuatro personas ni más de seis, además de la persona foco. Han de ser, por supuesto, personas de confianza de esta y, si es posible, han de representar diversas procedencias, experiencias y opiniones.[2]

Normalmente, la persona foco explica por escrito en dos o tres folios el problema, que entrega a los miembros de la comisión antes de que se reúnan. Si no se le da bien escribir, puede grabar algunas reflexiones para compartirlas antes con la comisión o apuntar unas notas que le sirvan de guía para una exposición oral del problema cuando tenga lugar la reunión.

Como primer paso hacia la «claridad», a la gente le suele ayudar estructurar la exposición de su problema en tres partes:

- *Identificar el problema lo mejor que se pueda.* A veces el problema está claro («He de decidir entre dos ofertas de empleo») y otras es vago («Hay en mi vida algo que no funciona, pero no sé muy bien qué es»). Dado que el objetivo del proceso es conseguir la claridad, el propio problema puede ser, y a menudo es, oscuro. E incluso cuando le parece claro a la persona foco, el proceso puede revelar que el verdadero problema es otro.
- *Ofrecer una información de fondo relacionada directamente con el problema.* Un poco de información autobiográfica puede contribuir al buen funcionamiento de la comisión de claridad. Si, por ejemplo, piensas en dejar el trabajo y ya has cambiado de empleo cinco veces en los últimos diez años, sería conveniente que lo dijeras desde un principio.
- *Señalar cualquier pista que pueda ayudar a vislumbrar en el horizonte el posible camino de salida.* Aquí la persona foco comparte cualquier corazonada o intuición que pueda tener al respecto, sea la preferencia por una de esas dos ofertas de trabajo o simplemente algún sentimiento de angustia debido a unas perspectivas poco claras.

Antes de empezar, los miembros de la comisión de claridad repasan con la persona foco las normas por las que se rige el proceso, y que se irán explicando en este capítulo. Es importante que todos entiendan las normas, y los principios en los que se asientan, y se tomen en serio la obligación que representa prometer crear un espacio seguro para el alma de otra persona.

Los miembros de la comisión tienen un horario impreso, similar al que sigue, que les ayuda a respetar, además de las normas, el tiempo. Aunque dé la sensación de que el proceso va muy lento o parezca que el problema de la persona foco se ha resuelto, seguir con el horario suele generar percepciones insospechadas. Por esto el tiempo total de dos horas es innegociable, como lo es el tiempo asignado a cada parte del proceso.

19:00	Sentarse en las sillas dispuestas en círculo. La persona foco romperá el silencio cuando esté preparada para empezar.
19:00-19:15	La persona foco expone su problema y los miembros de la comisión escuchan sin interrumpirla.
19:15-20:45	Solo preguntas. Durante una hora y media, los miembros de la comisión no pueden hablarle a la persona foco si no es para hacerle preguntas breves sinceras y abiertas.
20:45-20:55	¿La persona foco quiere que los miembros de la comisión «reflejen» como un espejo lo que han escuchado, además de hacer más preguntas, o que se limiten a seguir preguntando? Si se opta por lo primero, los miembros de la comisión han de reproducir las palabras o el lenguaje corporal de la persona foco, sin ningún tipo de interpretación.

| 20:55-21:00 | Afirmaciones y celebraciones de la persona foco, de cada uno y de la experiencia compartida. |
| 21:00 | Conclusión, recordando la obligación de cumplir la regla de la «doble confidencialidad». |

La comisión de claridad empieza con unos minutos de silencio, que rompe la persona foco cuando está preparada para exponer su problema. Aunque este se haya compartido antes con los miembros de la comisión, este repaso oral suele desvelar matices que solo se pueden transmitir cara a cara. La exposición no debe durar más de quince minutos y, en este tiempo, los miembros no han de hablar, ni siquiera para pedir aclaraciones.

Cuando la persona foco ha terminado de exponer el problema, se lo comunica a los demás para que puedan empezar su trabajo. En los noventa minutos siguientes, los de la comisión se rigen por una regla sencilla pero estricta: *solo podemos dirigirle a la persona foco preguntas breves, sinceras y abiertas.*

Las preguntas han de ser concisas, centradas en el tema en cuestión y de una sola frase si es posible. Si al preguntar digo: «Te has referido a eso o lo otro, y quisiera preguntarte eso o lo de más allá...», lo habitual es que intente traerme a la persona foco a mi forma de ver las cosas. Una pregunta breve, sin preámbulo ni explicación, reduce el riesgo de que intente dar algún consejo encubierto.

Hay que espaciar suavemente las preguntas, con períodos de silencio entre una pregunta, una respuesta y la siguiente pregunta. La comisión de claridad no es un interrogatorio ni un examen cruzado; un ritmo relajado y suave contribuye a que la tímida alma se sienta segura. Si a la persona foco le hago una pregunta y, después de que responda, sigo con otra, no tiene por qué haber ningún problema. Pero si me siento tentado a lanzar una tercera pregunta antes de que pueda hacerla cualquier otro de la comisión, debo respirar hondo y recordar que en la habitación hay más personas.

No he de preguntar simplemente para satisfacer mi curiosidad. Al contrario, mis preguntas han de ser consecuencia de mi deseo de contribuir al viaje interior de la persona foco con la mayor pureza de que sea capaz. Como miembro de la comisión, no estoy aquí para atender mis propias necesidades. Estoy aquí al servicio exclusivo de la persona foco, con la esperanza de ayudarla a estar totalmente presente para su alma.

Normalmente, es mejor hacer preguntas que se refieran más a la persona que al problema, porque el cometido de la comisión de claridad no es tanto resolver problemas como acercarse cuanto sea posible a la verdad. Recuerdo una comisión destinada a una consejera delegada que tenía un complejo y doloroso problema racial en su empresa. Le pareció útil que alguien le preguntara: «¿Qué aprendiste sobre ti misma en conflictos anteriores que te pueda ser útil ahora?». En cambio, no pensó lo mismo de otra pregunta que le hicieron: «¿Tienes un buen abogado de empresa?».

Si la persona foco cree que una pregunta no es sincera ni abierta, tiene derecho a manifestarlo, a remitir a quien se la haya hecho a las normas y el espíritu en que se basan. Y si se considera que mi pregunta es inconveniente, *no* tengo derecho a explicarme ni defenderme: «Mira, la pregunta se me ocurrió cuando dijiste aquello, luego pensé eso otro, y lo que realmente quería decir era lo de más allá».

Una «explicación» así no es sino otra forma más de intentar atraer a la persona foco a mi modo de pensar. Si ella me cuestiona, solo tengo una opción: retirarme, asimilar la crítica y reincorporarme al proceso con una actitud más provechosa. Ofrecer cualquier tipo de explicación o defensa antepone mis necesidades e intereses a los de la persona foco, y va a asustar a su alma.

Normalmente, la persona foco responde las preguntas en voz alta, lo cual la ayuda a escuchar lo que diga el maestro interior. No obstante, tiene derecho a saltarse cualquier pregunta, sin dar explicaciones, y los miembros de la comisión deben abstenerse de hacer preguntas del mismo tipo. Saltarse una pregunta no significa que la persona foco esté reprimiendo al maestro interior: es posible que aprenda algo importante del hecho de que una determinada pregunta no se pueda responder delante de otras personas.

NO ENGAÑO A NADIE MÁS QUE A MÍ MISMO

La obligación de hacer preguntas sinceras y abiertas es la base de la comisión de claridad. Pero hay otras obligaciones que guían el trabajo de la comisión, todas ellas destinadas a apoyar a la persona foco en su viaje interior.

Si la persona foco llora, los miembros de la comisión no tienen libertad para darle un pañuelo, ponerle la mano en el hombro ni decirle palabras de ánimo para «consolarla». Los actos de este tipo pueden ser compasivos en circunstancias normales, pero perturban el proceso de la comisión de claridad.

Si intento consolar a la persona foco, le aparto la atención del mensaje que esas lágrimas puedan encerrar. La persona foco pasa a atenderme *a mí*, no al maestro interior:

«Gracias por tu interés. Pero, por favor, no te preocupes por mí. Estoy bien...». Al incorporar a la persona foco a un intercambio interpersonal, he detallado su viaje interior. Debo recordar que en esas dos horas solo tengo un cometido: ayudarla a poner toda su atención en la voz de su verdadero yo.

Por el mismo principio, si la persona foco cuenta un buen chiste, no tengo libertad para reírme a carcajadas, aunque una suave sonrisa no provocará daño alguno. Una vez más, conductas que normalmente consideramos de apoyo, en este enclave perturban y distraen. Al unirme a la risa de la persona foco, no solo llamo la atención hacia mí —«Como puedes ver, también tengo sentido del humor»—, sino que es posible que impida que se haga una pregunta interior crítica: «¿Recurro al humor para ocultar el dolor que sentí cuando me hicieron esa pregunta?».

Uno de los preceptos más difíciles de la comisión de claridad tiene que ver con el contacto visual. En nuestra cultura, normalmente consideramos de mala educación *no* mirarnos a los ojos cuando hablamos. Pero fíjate en lo que sucede la próxima vez que participes en una conversación con varias personas. Cuando una habla, quienes escuchan envían señales mudas: sonríen, asienten con la cabeza, la ladean, fruncen el entrecejo... Le dan al que habla pistas continuas sobre si entienden o aprecian lo que está diciendo.

Son pistas que pretenden ser útiles, y lo pueden ser, *si* el objetivo del que habla es persuadir a otras personas o conectar con ellas. Pero las señales no verbales normalmente abocan al que habla a un camino trazado en parte por quienes escuchan. Cuando recibimos estas señales de los demás, muchas veces alteramos lo que decimos con la pretensión de conseguir lo que nos hemos propuesto: convencer.

En una comisión de claridad, el objetivo de la persona foco es comunicarse con su verdadero yo, no con otras personas. Aquí, las señales no verbales no solo son irrelevantes sino que pueden conducirla fácilmente a un camino equivocado. Lo que los miembros de la comisión de claridad piensen o sientan sobre lo que diga la persona foco no tiene ninguna trascendencia. Las únicas respuestas que importan son las que nacen de su interior.

Por esto los componentes de la comisión de claridad intentan evitar las respuestas no verbales, para escuchar a la persona foco con la máxima imparcialidad receptiva de que son capaces. Sin embargo, a la mayoría nos cuesta mucho alcanzar este estado. De ahí que se procure que la persona foco rompa el contacto visual al responder una pregunta, o incluso durante las dos horas de la sesión —que hable con los ojos cerrados o la vista puesta en el suelo—, para evitar ver las señales no verbales que le puedan enviar los miembros de la comisión.

Al principio, es posible que a la persona foco le cueste romper el contacto visual, como a los miembros de la comisión les cuesta reprimir las respuestas no verbales. Pero al cabo de un rato estas prácticas suponen una liberación para todos. Fomentan la sinceridad en quien habla y la receptividad en quien escucha y generan un espacio de acogida y respeto al alma.

Hace más de treinta años que me sirvo de las comisiones de claridad cuando he de tomar decisiones importantes. Cuando escucho las preguntas sinceras y abiertas de sus componentes —y la respuesta de mi maestro interior—, siempre pienso lo mismo: en este espacio no tengo que convencer a nadie de nada, de modo que solo hay una persona a la que pueda engañar: yo mismo. En este momento, nada tiene sentido sino decir mi propia verdad con la mayor claridad que pueda. Esta convicción tan simple me ha permitido escuchar, y seguir, los imperativos que han cambiado el curso de mi vida.

MOTIVO DE CELEBRACIÓN

Después de hora y media de preguntas y respuestas, la comisión de claridad entra en la última fase. En los quince minutos que quedan, alguien le pregunta a la persona foco si quiere que los demás «reflejen» lo que ha dicho, además de hacer otras preguntas, o si prefiere seguir con la norma de «solo preguntas».

Como persona foco, siempre prefiero que me reflejen, porque en esta fase final del proceso suelo tener nuevas percepciones de las cosas. Pero ese reflejar libera a los miembros de la comisión de la regla de «solo preguntas», por lo que nos sitúa al borde de una resbaladiza pendiente que puede llevarnos a intentar arreglar, salvar, aconsejar o corregir a la persona foco. De modo que para proteger ese reflejo se establece claramente qué se permite y qué no: se puede hacer de tres, y solo tres, formas.

La primera implica decirle a la persona foco: «Cuando te hicimos esa o aquella pregunta, diste tal o cual respuesta...», citando literalmente la pregunta y la respuesta, no parafraseándolas. Evidentemente, si actúo así de espejo, pienso que en esa pregunta y esa respuesta hay algo que la persona foco debe ver. Pero no se me permite decir de qué se trata, para evitar que me ponga a aconsejar. La persona foco es libre de hablar, o no, sobre el reflejo que le ofrezco: lo que importa no es lo que yo vea en sus palabras, sino lo que vea ella cuando se las devuelvo reflejadas.

La segunda forma de reflejar implica repetir dos o tres respuestas que la persona foco haya dado a dos o tres preguntas distintas, invitándola a que piense en la relación que pueda haber entre ellas. Si «uno los puntos» de forma que sugiera la existencia de un patrón en las distintas respuestas, me acerco peligrosamente al análisis del problema e incluso, quizás, a proponer una «solución». Pero, una vez más, no se me permite explicar, ni siquiera insinuar, el patrón que creo ver. Y, de nuevo, la persona foco es libre de responder como quiera, incluso no decir nada.

La tercera forma de reflejar implica el lenguaje corporal de la persona foco. Puedo decirle: «Cuando se te preguntó por la oferta de empleo de la compañía de seguros, te hundiste en la silla y empezaste a hablar en voz baja y monótona. Ante la pregunta sobre la oferta del Servicio de Parques Naturales, te incorporaste de nuevo y hablaste en voz alta y con buena entonación».

Es fundamental que *describa*, y que no *interprete*, el lenguaje corporal. «Te hundiste en la silla y empezaste a hablar en voz baja y monótona» es una descripción. «Cuando hablabas no parecía que estuvieras entusiasmado, se diría incluso que te sentías deprimido» es una interpretación. La primera permite a la persona foco mirarse en mi espejo y sacar sus propias conclusiones sobre lo que haya en él; la segunda es un juicio que puede provocar resistencia, no receptividad. Y es muy posible que mi juicio sea erróneo. Si alguien me dice que parecía «deprimido», puede reflejar una minuciosa evaluación por parte de quien habla.

Por lo general, el lenguaje corporal es inaudible para la persona que lo «habla». Por esto, a pesar de la pendiente resbaladiza siempre presente, limitarse a reflejarlo puede ser todo un regalo para alguien que intenta escuchar al maestro interior.

Cuando queden cinco minutos en este proceso de dos horas, un miembro de la comisión ha de decir: «Es hora de las afirmaciones y las celebraciones». He participado en muchas comisiones de claridad, y nunca me ha parecido que estos últimos cinco minutos fueran un falso ejercicio forzado. Cuando el proceso llega a su final, siempre me doy cuenta de que he visto con mis propios ojos algo precioso y sorprendente: la realidad y la fuerza del alma humana. He sido testigo de cómo un ser humano obtenía de su maestro interior percepciones importantes y a veces inesperadas. En este mundo nuestro, donde tan a menudo se silencia el alma, la oportunidad de acogerla, aceptarla y observar cómo actúa es sin duda motivo de celebración.

El trabajo del alma que tiene lugar en una comisión de claridad es silencioso, sutil y casi imposible de expresar con palabras. Pero valgan las siguientes de un participante para dar fe de cómo el proceso puede dar forma tangible a la más intangible de las emociones:

La pregunta que me había estado haciendo, a distintos niveles, a lo largo de los años es: «¿Cómo quiero a...?». El espacio en blanco se puede completar con toda una diversidad de palabras: mi esposa, mis hijos, mis padres, mis alumnos, mis semejantes seres humanos... Ha demostrado ser la pregunta más difícil.

Hace poco, mediante mi trabajo [en un círculo de confianza], vi el asunto de distinta forma. Estudiamos lo que era una comisión de claridad y participamos en una de ellas. En ese proceso descubrí una forma nueva y sumamente estimulante de escuchar, una actitud libre de la carga de mis opiniones y antipatías. Aprendí a escuchar abiertamente al alma de otra persona, a lo que es genuino y sagrado.

En un momento de claridad, me di cuenta de que así era como podía poner en práctica el amor: escuchando desinteresadamente y con suma atención a otra persona. Lo podía hacer en cualquier momento y con cualquiera con quien me encontrara. Sencillamente, escuchando podía practicar el amor. Súbita y suavemente se materializó el concepto más esquivo e idealista.[3]

PÁJARO EN MANO

Todos estamos configurados por la cultura convencional, por esto todos llegamos a la comisión de claridad con una fuerza gravitacional que intenta empujar de nuevo nuestras relaciones a la actitud de arreglarnos, salvarnos, aconsejarnos y corregirnos mutuamente.

Para ayudarlos a oponerse a esta fuerza, se les pide a los miembros de la comisión que sigan unas normas de conducta tan concretas que pueden parecer ridículas. Si la persona llora, no le des ningún pañuelo; si cuenta un chiste, no te rías a carcajadas; al hablar y escuchar, mantén una expresión neutra, y deja que la persona foco evite el contacto visual a lo largo de las dos horas.

Cuando explico estas normas básicas, los participantes suelen decir que tal grado de «microgestión» los intimida. Mi respuesta, he de confesarlo, es: «¡Bueno!». Cuando acordamos confiar en el alma de alguien, hemos de sentir el peso de este compromiso para poder actuar debidamente. Y quienes enseñan a otros este proceso han de poner el listón tan alto que cualquiera que sin darse cuenta incumpla las normas se sienta avergonzado, reduciendo así la probabilidad de herir a la persona foco.

No obstante, al subir el listón corremos el riesgo de convertir la comisión de claridad en un proceso que se rija más por la ley que por el espíritu de la ley. Si queremos que ese espacio sea seguro para el alma, el espíritu de hospitalidad es como mínimo tan importante como las normas que nos ayudan a comportarnos con ese espíritu.

Así pues, además de explicar las normas, ofrezco al grupo dos imágenes sencillas que sugieren el espíritu de esas normas. Les ofrezco la primera *antes* de explicar las normas expuestas en este capítulo: como miembros de la comisión de claridad, hemos de crear y proteger un espacio que va a ocupar *solamente* la persona foco. Durante dos horas, debemos actuar como si la única razón de nuestra existencia fuera mantenerla en un espacio seguro, prestándole toda nuestra atención y vigilando los límites de ese espacio para evitar todo lo que pueda distraer a esa persona.

Las normas por las que nos regimos están pensadas para que nos impidan invadir dicho espacio, decir o hacer algo que dirija la atención hacia nosotros mismos. Por esto no podemos explicarnos si la persona foco pone alguna objeción a una de nuestras preguntas, ni consolarla si llora, ni interpretar su lenguaje no verbal. Conductas como estas sitúan nuestras necesidades y nuestros intereses en ese espacio y desplazan su alma.

La imagen de «crear y proteger un espacio» donde podamos atender exclusivamente a la persona foco responde casi todas las preguntas sobre el comportamiento de una comisión de claridad. ¿Conviene que tome notas de lo que diga la persona foco? Si tomarlas hace que le preste menos atención, la respuesta es no; si me ayuda a prestar atención, la respuesta es sí. ¿Y si la persona foco o alguien de la comisión necesita ir al baño? La persona foco saldrá tras dar una breve explicación, y los demás permanecerán en silencio hasta que vuelva; si es un miembro de la comisión, saldrá en silencio, sin dar explicaciones, mientras sigue el proceso, y se reincorporará igualmente en silencio.

Hay otra norma que nos puede ayudar a mantener un espacio seguro para la persona foco: la norma de la «doble confidencialidad». Cuando la comisión termina, nada de lo que en ella se haya dicho se va a repetir a nadie. Quienes en el transcurso de la reunión tomaron notas se las deben entregar a la persona foco antes de irse. De este modo no solo se garantiza la confidencialidad, sino que a la persona foco se le hace un magnífico regalo: el registro detallado de lo que expresaba su alma cuando se sentía con seguridad suficiente para decir la verdad.

El segundo aspecto de la doble confidencialidad es tan importante como el primero: los miembros de la comisión tienen prohibido acercarse a la persona foco un día, una semana o un año después y decirle: «¿Recuerdas cuando te referiste a eso o aquello? Pues bien, tengo una idea al respecto que quisiera compartir contigo». La persona foco puede buscar a alguno de nosotros para profundizar en el análisis. Pero si fuéramos nosotros quienes la buscáramos a ella para darle nuestra opinión o cualquier tipo de consejo, invadiríamos su soledad. Las personas foco suelen decir que, de todas las normas de la comisión de claridad, la de la doble confidencialidad es la que más seguras las hace sentir de que en ese espacio pueden contar su verdad con plena libertad.

Después de explicar las normas, y justo antes de que empiece el proceso de la comisión, ofrezco una segunda imagen, una imagen que a muchos les parece útil. En las dos horas siguientes, señalo, hemos de sostener el alma de la persona foco como si sostuviéramos un pajarillo en la palma de las manos.

De este modo, es probable que sintamos tres tentaciones, y es importante que resistamos las tres:

- Es posible que, al cabo de un rato, las manos empiecen a cerrársenos alrededor del pajarillo, para sujetarlo y observar sus reacciones. Hay que resistir esta tentación: nuestra tarea no es analizar, sino mantenernos en ese espacio abierto de confianza.
- A medida que va transcurriendo el tiempo, comenzamos a sentir cansancio en los brazos, y puede que nos tiente dejar el pajarillo en el suelo: la atención flaquea, la mente se dispersa y ya no tenemos a la persona foco en el centro de nuestra conciencia. También hemos de resistir esta tentación. El pajarillo es ligero, y el alma lo es aún más. Si entendemos que no tenemos obligación de arreglar, salvar, aconsejar ni corregir a esta persona, nos libraremos de esa carga y podremos sostener esta alma dos horas sin cansarnos.
- Hacia el final del proceso, después de sostener el pajarillo sin sujetarlo y con nuestro mejor propósito, puede ocurrir que las manos en copa se levanten sutil

pero persistentemente, animando al pajarillo a que vuele: «¿No ves lo que aquí has aprendido? ¿No estás preparado para volar, para actuar sobre lo que ahora sabes?». Resiste también esta tentación. Este pajarillo volará cuando esté preparado, y no tenemos manera de saber cuándo será.

El éxito de una comisión de claridad no depende de si la persona foco «resuelve» su problema y está preparada para actuar. La vida, como bien sabemos muchos, no discurre con tanta eficiencia. El éxito de una comisión de claridad depende de si, durante dos horas, hemos sostenido a la persona foco en nuestras manos con plena seguridad. Si así lo hemos hecho, casi siempre recibe del maestro interior nuevas percepciones y, a menudo, una o dos revelaciones.

Una vez que la comisión de claridad ha concluido, no tenemos por qué dejar de sostener a la persona foco. Cuando el grupo se separa, la imagen que casi siempre me viene a la mente es la de las manos abiertas acercándose a mi corazón, donde puedo seguir sosteniendo a la persona foco en mis pensamientos, mis desvelos y mis oraciones.

En los últimos treinta años, he enseñado esta forma de «estar solos juntos» a miles de individuos. Al concluir el proceso, siempre pregunto: «¿Cuándo fue la última vez que un grupo de personas adultas competentes y solícitas te tuvo en el centro de su atención durante dos horas, sin pensar en nada más que en crear y proteger un espacio en el que pudieras escuchar a tu alma?». Salvo raras excepciones, la única respuesta es: «Jamás había vivido nada como esto».

Hay muchas buenas maneras de estar juntos; la vida sería espantosa si todas nuestras interacciones se rigieran por las normas de la comisión de claridad. Sin embargo, es una pena que pasemos tanto tiempo unos junto a otros y pocas veces, o nunca, nos prestemos también mutuamente este tipo de ayuda en nuestros respectivos viajes interiores.

Pero nunca es demasiado tarde. Virginia era una inteligente profesora de enseñanza media, y un ser humano extraordinario, que buscó y encontró esa ayuda en los últimos meses de su vida. Fue miembro de un círculo de confianza de dos años y, cuando el grupo empezó, se enteró de que padecía un cáncer incurable; falleció antes de que el círculo concluyera.

Las personas del círculo de Virginia la acompañaron en su viaje, y se beneficiaron de su gran coraje, en parte a través de comisiones de claridad que Virginia solicitó y sobre las que escribió en su diario:[4]

> Todos [en estas comisiones de claridad] me hacían preguntas muy sinceras y comprensivas. Me abrí a ellos, les abrí mis miedos y todos los sentimientos que no podía explicar. Mostré mis intenciones, mis metas no alcanzadas, mis sueños y el miedo de que mi vida acabara tan pronto, y también los miedos que sentía por mi familia. Les conté que no estoy aún acostumbrada a aprender y dar. Quería escribir un libro pero mi mundo se desmoronaba. Me sentí segura con ellos a mi alrededor. Hallé la fuerza en su presencia. Después de esas sesiones, empecé a comprender mi enfermedad, incluso a aceptarla como un regalo. Estas comisiones de claridad fueron mis aliadas para salir de mi desconcierto.

Poco antes de su muerte, Virginia me escribió para manifestarme su gratitud no solo por sus comisiones de claridad, sino por todo su círculo de confianza. No se me ocurren mejores palabras para concluir este capítulo:

> El motivo por el que te escribo es el profundo aprecio que siento en mi corazón por este círculo. Ha sido una auténtica bendición para mi vida y me ha inspirado todo tipo de reflexiones, no solo sobre mi trabajo docente, sino sobre mi vida personal y familiar.
>
> En primer lugar, me ha dado el verdadero coraje para aceptarme y respetarme, con lo que me ha allanado nuevos caminos para llegar a conocerme de verdad. Me ha ayudado a entender las paradojas de la vida, en especial cuando me diagnosticaron mi cáncer terminal. Me hizo darme cuenta de mis recursos [...]
>
> He aprendido a ver más allá de mis sentidos, a ver el mundo espiritual a través del silencio y la meditación, con ojos distintos. He aprendido a apreciar la naturaleza como nunca la había apreciado antes, los ciclos, las estaciones. He llegado al punto de comprender que los demás merecen mi respeto y que yo merezco el suyo.
>
> Sobre todo, he aprendido que todos formamos parte de una comunidad mayor, lo cual ha cambiado tremendamente mis creencias. Gracias a él [este círculo], he aprendido a dominar mis miedos y sé que mis recursos son ilimitados. En fin, he llegado a entender plenamente el coraje de vivir y morir y la grandeza de conocer el verdadero yo.

CAPÍTULO IX

DE LA RISA Y EL SILENCIO

Unos compañeros de cama no tan extraños

No hables a menos que puedas mejorar el silencio.[1]
PROVERBIO CUÁQUERO

No hay que evitar la risa en nada, porque lo mejora todo.[2]
JAMES THURBER

DEL DESÁNIMO AL FRACASO

Intentar transmitir, por escrito, qué significa hablar, escuchar y responder en un círculo de confianza me parece un poco desalentador. Espero que los últimos capítulos hayan arrojado cierta luz sobre la naturaleza de estas prácticas, sobre cómo acogen la tímida alma y ayudan en el viaje hacia la vida no dividida. Pero mientras escribía esos capítulos, confieso que no dejaba de pensar: «Realmente hay que *estar ahí* para entenderlo».

Ahora, cuando me dispongo a hablar del papel de la risa y el silencio en un círculo de confianza, *desanimado* no define fielmente cómo me siento. *Condenado al fracaso* se acerca más a este sentimiento. ¿Cómo hablar del silencio, si no tiene palabras? ¿Cómo hablar del tipo de risa que nace de la palabra adecuada dicha espontáneamente en el momento preciso? Pero debo escribir sobre ello, porque tanto el silencio como la risa son fundamentales para crear un espacio seguro para el alma.

El silencio y la risa pueden parecer extraños compañeros de cama, pero la experiencia demuestra que no es así. ¿Cómo llamamos, por ejemplo, a quienes son capaces de pasarse horas en silencio sin sentirse incómodos ni tensos y saben emplear el humor para ayudarse mutuamente en momentos difíciles? Son, evidentemente, los buenos amigos.

Hay que ser un buen amigo para soportar el silencio y la risa, porque uno y otra nos hacen vulnerables. El silencio, porque cuando dejamos de hacer ruido, perdemos el control: quién sabe qué pensamientos o sentimientos podrían surgir si apagáramos el televisor o dejáramos de vociferar un rato. La risa, porque suele ser consecuencia de nuestras equivocaciones y rarezas: quién sabe lo idiotas que podemos parecer cuando el motivo de la risa somos nosotros. Solo podemos compartir el silencio y la risa si confiamos unos en otros, y cuanto más los compartimos, más profunda se hace esa confianza.

Al alma le encanta la risa porque es tímida, y el silencio la ayuda a sentirse segura. Le encanta la risa porque busca la verdad, y la risa revela a menudo la realidad. Pero, sobre todo, al alma le encanta la vida, y tanto la risa como el silencio vivifican. Tal vez sea esta la razón de que tengamos otra expresión para definir a quienes saben compartir con la misma facilidad el silencio y la risa: *compañeros del alma*.

REÍRSE CON O REÍRSE DE

Me crie en una familia que se reía mucho y lo sigue haciendo. Pero mis padres nos enseñaron a distinguir entre reírse *de* las personas (algo malo) y reírse *con* las personas (algo bueno). Me acordé de esta distinción cuando me enteré de que *compasión* significa literalmente «sentir con». La risa compasiva es la que se origina cuando exploramos nuestra común condición humana, en la que se entretejen la comedia y la tragedia. Reírse unos *con* otros es una forma de compasión, y este es el tipo de risa que se produce en un círculo de confianza.

Mientras escribía este capítulo, facilité uno de estos círculos. Hacia el final del tiempo que pasamos juntos, alguien nos recordó que pronto regresaríamos con nuestros familiares y amigos, y que estos nos preguntarían: «¿Qué tal en el retiro?». Dijo que siempre le había sido difícil compartir las experiencias interiores fuertes con personas fundamentales de su vida y nos habló de una pareja cuyo matrimonio peligró cuando el viaje interior de la esposa tomó una dirección que el marido no entendía.

Mientras hablaba esa persona, los presentes iban asintiendo con la cabeza y el ambiente se fue enrareciendo. Después alguien se levantó, sacó de su cartera un librito de cubierta roja y nos dijo que siempre lo llevaba consigo porque estaba repleto de sabios consejos para momentos de grandes o pequeñas dificultades.

El título del libro, señaló, era *Judaísmo zen: para que te aclares un poco*, un título que ya nos hizo reír. Pero esto no fue nada comparado con la risa que siguió a la lectura de una «enseñanza» del libro: «Si practicas la meditación zen durante largos períodos, es posible que familiares y amigos te critiquen porque piensan que les haces oídos sordos. Ignora a estas personas».[3]

Nuestra risa no se burlaba de los amigos y familiares ni del hombre que había planteado el tema, y que se reía de esa «enseñanza zen» con las mismas ganas que cualquiera de los presentes. No nos reíamos *de* nadie; nos reíamos unos *con* otros de la situación que juntos vivíamos. La risa nos ayudaba a ver con mayor claridad el asunto, con lo que aumentaban las probabilidades de que lo tratáramos con mucho más cariño.

De hecho, cuando aquellas personas regresaron a casa y les preguntaron: «¿Qué tal?», imagino que muchas de ellas responderían contando primero esa historia, quitando importancia a los problemas, desmitificando el retiro y abriendo el camino a un diálogo más profundo. La gravedad espiritual sin la levadura del humor hace un pan que se nos indigesta.

La risa puede ser tan útil como el silencio para acercarnos a lo sagrado. Pienso, por ejemplo, en experiencias que he vivido de cenas familiares con niños a la mesa. Uno de los adultos nos invita a bajar la cabeza, cerrar los ojos y guardar silencio. Los mayores lo hacen, pero siempre hay dos o tres niños que no pueden evitar mirarse de reojo, y cuando sus miradas se encuentran, se produce una reacción en cadena: primero las muecas, después las risitas, luego las carcajadas incontrolables. En esos agradables momentos, la risa de los niños siempre se me antoja una forma de oración, tan válida como la que los mayores practicamos en silencio, una celebración del carácter sagrado de la vida que con tanta intensidad viven los niños.

Cuando los mayores reprimimos la risa para aparentar seriedad, es posible que reprimamos el alma, como descubrió una maestra en un círculo de confianza. En casa, con la familia y los amigos, era una persona a la que le encantaba reír. Pero en cuanto entraba en clase se ponía la cara profesional y hablaba y actuaba con la mesura propia del docente, exactamente como le habían enseñado que debía hacer.

Después de muchos años en el oficio, empezaba a sentirse agotada. Se apuntó a un círculo de confianza con la esperanza de renovar su alma, y pronto descubrió que cuando el «animal salvaje» de su interior se sentía lo suficientemente seguro para salir, parecía uno de esos cómicos que divierten con sus monólogos. El humor, empezó a comprender aquella maestra, era una característica fundamental de su verdadero yo, y decidió intentar ser tan ella misma con sus alumnos como lo era con su familia y sus amigos.

Al unir alma y rol, la maestra volvió a disfrutar de la enseñanza. Y sus alumnos, que ahora se sentían más seguros con una maestra más auténtica y menos severa, fueron implicándose más en el aprendizaje.

LA COMUNIÓN SILENCIOSA

La distinción de mis padres entre los dos tipos de risa tiene su paralelismo en lo que al silencio se refiere. Podemos estar mudos «a» las personas, por ejemplo, cuando nos callamos para demostrarle a alguien nuestro desdén o cuando guardamos un silencio cobarde ante la injusticia infligida a los demás. Los silencios de este tipo destruyen la comunidad e incluso pueden convertirnos en aliados del mal.

O podemos estar callados «con» las personas, como en el tipo de silencio que rodea la reflexión, la contemplación y la oración. Esta clase de silencio, el que practicamos en el círculo de confianza, es otra forma más de comunión humana. El silencio comprensivo nos puede ayudar a conectarnos unos con otros, a alcanzar la verdad y a ser alcanzados por verdades que escapan de las palabras.

En Pendle Hill, la comunidad cuáquera en la que viví y trabajé once años, nuestras vidas estaban tan entrelazadas que el apego mutuo surgía con la misma prontitud con que se podía desvanecer. Pero *enemistad* es una palabra muy suave para describir mi relación con una mujer que vivía allí. Era, a mi parecer, la garra del demonio, llegada allí desde lo más profundo del infierno para destruir todo lo que de fresco y bueno hay en la vida sobre la Tierra.

En Pendle Hill, la gente se reúne todas las mañanas en un «encuentro de oración», cuarenta y cinco minutos de silencio comunal, roto de vez en cuando por palabras salidas espontáneamente del corazón. Una mañana llegué tarde a la oración, y la única silla que quedaba estaba al lado de *ella*. Me puse nervioso y estuve a punto de dar media vuelta y marcharme. Pero de un modo u otro conseguí sentarme, cerrar los ojos y empezar a meditar, olvidando poco a poco que estaba sentado junto a una criatura del lado oscuro.

Al cabo de una media hora, sin levantar aún la cabeza, abrí los ojos y observé que estaba mirando la mano que esa mujer había dejado sobre su rodilla, con la palma hacia arriba. En ella se reflejaba un rayo de sol, y vi cómo en la muñeca de la mujer palpitaba suave pero rítmicamente una vena, el latido elemental del propio corazón humano. En ese momento supe, más allá de lo que se pudiera explicar con palabras, que era una persona exactamente igual que yo, con sus defectos y sus virtudes, sus esperanzas y sus decepciones, sus alegrías y sus penas. En aquel momento, la idea que tenía de quién era ella, y de quién era yo para ella, experimentó una especie de transformación.

Nunca me acerqué a aquella mujer. En realidad, nunca dejé de sentir cierto recelo ante ella. Pero ya era incapaz de demonizarla como había hecho hasta ese silencioso momento alumbrado por el sol. Creo que si hubiese intentado «aclarar las cosas» con ella, tal vez no se habría producido esa revelación de su humanidad ni ese nuevo marco de nuestras relaciones. Hay en el silencio una profunda comunión que a veces supera lo que podemos conseguir con palabras.

En el círculo de confianza, el silencio difiere de la risa, además de por ser menos ruidoso, en un aspecto importante. La risa que intensifica nuestras relaciones no es una práctica planificada, sino una reacción espontánea a una experiencia común. No es el tipo de risa que provoca un buen humorista. Es la risa que nace de forma natural cuando percibimos, y nos detenemos a contemplar, la comedia inherente a la vida cotidiana.

En cambio, el silencio que da mayor profundidad a nuestras relaciones, antes de que se pueda convertir en una reacción espontánea, ha de ser una práctica consciente. ¿Por qué? Porque en nuestra cultura se acepta la risa, pero no el silencio. Al crear momentos de silencio intencionado, allanamos el camino al silencio espontáneo en una cultura donde la ausencia de ruido se entiende como señal de que algo va muy mal.

Rachel Remen, médica del cuerpo y del alma, cuenta una reveladora historia sobre el silencio como práctica. Una colega suyo asistió a una conferencia sobre el análisis junguiano de los sueños. Los asistentes escribían preguntas en unas tarjetas que luego pasaban a una mesa de especialistas, uno de los cuales era nieto de Carl Jung:

En una de esas tarjetas se contaba la historia de un sueño terrible y recurrente, a cuyo protagonista se arrebataba toda la dignidad humana y se le sometía a todas las atrocidades nazis. Un miembro de la mesa leyó el sueño en voz alta. Al escucharlo, mi colega empezó a interpretar mentalmente el sueño, previendo cuál iba a ser la respuesta del panel. Era «pan comido», pensó, porque la mente le ofreció enseguida explicaciones simbólicas de las torturas y atrocidades descritas en el sueño.

Pero no fue esta la respuesta de los especialistas, ni mucho menos. Una vez concluida la lectura del sueño, el nieto de Jung levantó la vista y se dirigió al público: «¿Tendrían ustedes la amabilidad de ponerse en pie? —dijo—. Vamos a guardar un momento de silencio como respuesta a este sueño». El público se levantó y permaneció callado un minuto, mientras mi colega aguardaba con impaciencia el debate que sin duda se iniciaría a continuación. Pero cuando la gente se sentó de nuevo, la mesa pasó a la siguiente pregunta.

Mi colega sencillamente no lo entendió y unos días después le preguntó a uno de los profesores, que era analista junguiano. «Mira, Lois —le dijo este—, en la vida hay sufrimientos tan indescriptibles, una vulnerabilidad tan extrema que trascienden de las palabras, de las explicaciones y hasta de la curación. Ante ese sufrimiento, lo único que podemos hacer es ser testigos, para que nadie haya de sufrir solo.[4]

Hay en esta historia dos subtextos que nos ayudan a entender por qué hay que enseñar y practicar «el silencio con» en un círculo de confianza. En primer lugar, el silencio de la conferencia junguiana no se produjo de forma espontánea; fue idea de uno de los dirigentes. Si el nieto de Jung no lo hubiera propuesto, lo más probable es que los especialistas hubiesen pasado a debatir otra historia.

En segundo lugar, muchos de los presentes debieron de entender por qué el silencio era la única reacción coherente —de lo contrario, habrían insistido en que se analizara aquel sueño— pero no fue ese el caso de Rachel. Atrapada en una mentalidad analítica, necesitaba que un profesor de confianza explicara qué había ocurrido y por qué.

EL SILENCIO COMO PRÁCTICA

El silencio del que hablaba Rachel Remen es habitual en los círculos de confianza, unas veces como respuesta a un gran sufrimiento y otras como respuesta a una gran alegría. Este tipo de silencio no transmite indiferencia ni abandono, sino reverencia y respeto. Le dice a la persona que ha puesto su verdad en el centro del círculo: «No vamos a invadir ni evitar la verdad del alma que nos has abierto. Os acogeremos, a ti y a esa verdad, en silencio y actitud comprensiva».

Pero no es fácil contribuir a que todos los del círculo de confianza se sientan cómodos con el silencio: el miedo que le tenemos está muy arraigado en nuestra psique. Hay estudios que demuestran que quince segundos de silencio es lo que un grupo medio puede aguantar. Puedes hacer tus propias investigaciones sobre el tema en las próximas semanas. Si estás con unos conocidos y se produce un silencio —una situación incomodísima en nuestra cultura tan locuaz—, cronometra cuánto tarda alguien en hablar, aunque no tenga nada que decir.

También en nuestra vida privada, evidentemente, hay pruebas del miedo que nos da el silencio. La mayoría trabajamos en lugares con mucho ruido. Pero cuando salimos del trabajo y podemos disfrutar de un poco de silencio, ¿cuántos nos subimos al coche y ponemos en marcha la radio? ¿Cuántos encendemos el televisor al llegar a casa? Si disonemos del tiempo suficiente para dar un paseo, ¿cuántos nos llevamos el reproductor de MP3 y los auriculares? ¿Y cuántos dependemos tanto de chatear continuamente que somos incapaces de ir a ningún sitio sin el móvil?

Alguien podría pensar que nuestras comunidades religiosas valoran el silencio, porque afirman que nos llevan a contemplar cara a cara los misterios sagrados. Sin embargo, el auténtico silencio es muy raro en la mayoría de las iglesias que conozco: con más frecuencia que menos, el aire está lleno de palabras u otros sonidos. Me parece especialmente curioso que incluso en esas ocasiones en que el líder pide un momento de silencio —es decir, un momento en el que él no habla—, el «silencio» suele ir acompañado de música de órgano. Y aun así, lo máximo que conseguimos son unos quince segundos.

Pero el silencio es un componente esencial del círculo de confianza que nos recuerda una vez más el profundo carácter contracultural de estos círculos: sin el silencio, nos convertimos en un grupo más de personas que andan por el bosque a trompicones y gritando para hacer salir al alma. Si queremos que todas las demás prácticas fundamentales que crean un círculo de confianza —el recurso a terceros elementos, hablar de centro a centro, escuchar profundamente y hacer preguntas sinceras y abiertas— tengan la mejor oportunidad de cambiarnos la vida, se han de llevar a cabo y entrelazar en silencio.

Para ayudar a que la gente se sienta cómoda con el silencio, el facilitador del círculo de confianza debe hacer de este una práctica estándar. Al dar oportunidades tempranas y continuas de vivir el silencio como un regalo, no una amenaza, propiciamos que se produzca de forma espontánea entre nosotros.

Por ejemplo, en los primeros momentos de un círculo de confianza, el facilitador no empieza, como suelen hacer los líderes, con saludos, presentaciones, explicación del programa y unas palabras de exhortación. En su lugar, se limita a decir: «Vamos a guardar unos minutos de silencio para integrarnos plenamente en este círculo» —y no rompe el silencio hasta después de tres o cuatro minutos.

A medida que a la gente le va siendo más fácil empezar en silencio, también se siente más cómoda con el silencio a mitad de sesión, por ejemplo durante un diálogo sobre un tercer elemento. Al principio, tal vez convenga que el facilitador nos recuerde que hemos de dejar que el silencio medie entre las diferentes intervenciones, para que todos tengan tiempo para reflexionar y quienes hablan más despacio tengan la oportunidad de participar. Al ir viendo los frutos de estos silencios, necesitaremos menos recordatorios. Y en las comisiones de claridad, nuestra confianza en el silencio adquiere mayor profundidad aun cuando vemos lo mucho que la persona foco descubre en los espacios que dejamos entre las palabras.

Cuando trabajaba de organizador de la comunidad, descubrí que darles a las personas excusas y permiso para hacer cosas que desean hacer pero les son demasiado complicadas genera un cambio significativo. El alma desea el silencio, y cuando ofrecemos excusas y permiso para estar en silencio en un círculo de confianza, el alma aprovecha la ocasión, muchas veces con resultados transformadores.

¿Por qué el alma ama el silencio? La respuesta más profunda que conozco apela al misterio de nuestra procedencia y nuestro destino, de dónde venimos y adónde vamos. Al nacer, salimos del Gran Silencio a un mundo que limita al alma; al morir, regresamos al Gran Silencio donde el alma vuelve a ser libre.

Nuestra cultura tiene tanto miedo al silencio de la muerte que adora el ruido incesante (tal vez esa es la versión laica de la «vida eterna»). En medio de todo este ruido, los pequeños silencios nos ayudan a sentirnos más cómodos con el Gran Silencio al que todos estamos destinados. Los pequeños silencios nos traen «pequeñas muertes», las cuales, para nuestra sorpresa, resultan ser profundamente gratificantes. Por ejemplo, cuando nos quedamos en silencio, con el obligado cese de cualquier afectación y agresividad, podemos experimentar la muerte temporal del ego, de ese sentido dividido del yo a cuyo cultivo dedicamos tanto tiempo. Pero esta «pequeña muerte», en lugar de asustarnos, hace que nos sintamos más a gusto y sosegados.

La Regla de San Benito, esa antigua guía para la vida monástica, exhorta a «tener la muerte ante los ojos todos los días».[5] En mi juventud, consideraba que era un consejo morboso. Pero cuanto mayor me hago, más entiendo lo vivificante que puede ser esta práctica. Cuando guardo silencio, me acerco más a mi propia alma y alcanzo un punto de mi interior que desconoce el miedo a la muerte. Y las pequeñas muertes que experimento en silencio ahondan mi aprecio por la vida: por la luz que baña la habitación mientras escribo, por la brisa que se cuela por la ventana.

Así pues, el silencio no solo aporta pequeñas muertes sino también pequeños nacimientos: pequeños despertares a la belleza, a la vitalidad, a la esperanza, a la vida. En silencio podemos empezar a intuir que nacer y morir tienen mucho en común. Llegamos al Gran Silencio sin miedo en este mundo de ruido. Tal vez podamos también regresar sin miedo, pasando de nuevo por la conciencia de que el Gran Silencio es nuestro primer y último hogar.

LA RISA, EL SILENCIO Y EL PODER

En el siguiente, y último, capítulo, explicaré que la acogida del alma en los círculos de confianza puede contribuir a un movimiento por el cambio social no violento. Entiendo lo antagónica que es mi tesis. En una cultura que gusta de separar la vida interior de la exterior, el tipo de ideas que analizo en este libro suelen considerarse irrelevantes para la política.

Por esta razón, quiero sentar algunas bases para el próximo capítulo y reflexionar sobre la importancia política de la risa y el silencio. Se trata, sin duda, de un test ácido sobre si se puede unir lo personal y lo político: de todo aquello que hacemos en un círculo de confianza, reír y guardar silencio parecen los actos más apolíticos. Pero la historia demuestra que la risa y el silencio se usan desde hace mucho para resistir y redirigir los usos represivos del poder.

La sátira, por ejemplo, es uno de los poderes de los oprimidos que más temen los dirigentes corruptos. Cuando la risa empieza a circular por un régimen injusto, puede resquebrajar los cimientos del poder y hacer que el sismógrafo político no deje de vibrar. Confiando en que podrá impedir que el terremoto cobre fuerza, el dictador prohíbe la sátira si puede; si no, elimina a quienes la escriben y mantiene la alerta ante los signos de sátira ocultos. Solo en la democracia se permite ridiculizar a los poderosos, incluso deponerlos, como bien atestiguan algunos mandatarios estadounidenses.

Tengo la dicha de vivir en una democracia, no en un Estado totalitario. Pero la democracia que ansío está amenazada permanentemente por un tipo de política que disfraza la avaricia y la arrogancia del poder de patriotismo y sentido religioso. Hay al respecto una fábula clásica que nos puede enseñar muchas cosas sobre el potencial político de la risa y el silencio: *El traje nuevo del emperador*, de Hans Christian Andersen.[6]

Generaciones de escolares han escuchado este cuento. Unos timadores que se hacen pasar por sastres llegan a la ciudad y convencen al emperador para que pague mucho dinero por un traje nuevo. Para sacar el mayor beneficio posible, confeccionan el traje con aire y persuaden al emperador de que solo los tontos e ignorantes serán incapaces de ver su «traje nuevo». Para que no se le tenga por tal, el emperador acepta pasearse por la ciudad completamente desnudo, y los súbditos que llenan las calles elogian aquella maravilla de la sastrería, también para que nadie piense que son tontos o ignorantes. La escena es un ejemplo clásico de vida dividida: tanto el emperador como los súbditos saben en su interior cuál es la verdad, pero fuera viven en la mentira.

La única persona sensata que desmonta esta conspiración de locos es un niño, que grita: «¡El emperador está desnudo!». Su asustado padre intenta hacerlo callar. Pero el grito inocente ya ha liberado a los súbditos para creer en lo que ven sus propios ojos, y, como una llamarada, todos reconocen que el emperador está completamente desnudo. En medio de la multitud, solo el niño tenía una vida no dividida, una vida que, en palabras de Thomas Merton, salvó a todos los demás de ser «locos o criminales».[7]

La fábula no dice que hubiera un estallido de risa entre la muchedumbre. Pero somos libres de imaginar que se rieron mucho y con muchas ganas, si no en la calle, después, al regresar a casa. Es un cuento que lleva provocando risa desde hace más de ciento cincuenta años, porque los ciudadanos ven reflejados en él a sus dirigentes, como se ven también ellos mismos.

Aunque esos súbditos de ficción hubiesen tenido miedo de reír en público, habrían hecho una declaración política con solo evitar exclamaciones por el esplendor del «traje nuevo» del emperador. Aunque se hubiesen limitado a guardar silencio y no participar servilmente en una mentira, habrían provocado que el sismógrafo político saltara de nuevo y que temblaran aquellos que ostentaban el poder.

El mensaje de este tipo de silencio es claro: «nosotros el pueblo» no seguiremos confabulándonos en apoyo de engaños que contribuyen a que los corruptos sigan en el poder. Absteniéndonos de aclamaciones y con el silencio, damos un pequeño paso hacia la retirada del consentimiento que contribuye a perpetuar el abuso de poder. No afirmaremos ni simularemos afirmar nunca más que las banderas nacionales y los símbolos religiosos en los que se envuelven los líderes corruptos tienen algún significado, salvo como juicio implícito sobre la hipocresía de estos líderes.

Naturalmente, el tipo de risa y de silencio del que estoy hablando es distinto del que practicamos en un círculo de confianza. Nos reímos *de* los líderes corruptos, no *con* ellos, y empleamos el silencio para denunciar su corrupción, no para manifestar comprensión hacia ellos.

Si mis padres estuvieran aquí para señalar que esto va en contra de los buenos modales, podría aducir dos excusas —aunque no estoy seguro de que fueran a aceptarlas—. En primer lugar, la risa satírica y el silencio discrepante son formas no violentas de fomentar el cambio social. Las personas que, ante la crueldad y la injusticia, recurren a la no violencia, demuestran unos modales mucho más dignos que los dirigentes que se revisten de beatería y patriotismo para justificar la violencia económica y militar.

En segundo lugar, quienes comparten el silencio y la risa comprensivos están preparados para «decirle la verdad al poder» de forma que pueda contribuir a curar el cuerpo político. En la risa aprendemos a diferenciar la realidad de la ilusión, algo que nos es de mucho provecho en medio de esta vida política propia de ilusionistas. En el silencio, recordamos que hemos de morir, lo cual nos da coraje para decir nuestra verdad, sin que importe cuál pueda ser el castigo.

El coraje nace del convencimiento de que no se nos puede imponer peor castigo que el que nosotros mismos nos imponemos al vivir una vida dividida. El triste final de una vida así es no haber sido nunca el verdadero yo. Pero cuando «nunca más» vivimos una vida dividida, siempre somos los últimos en reír.

Con esta risa no nos reímos ni de otras personas ni con otras personas: nos reímos de y con nosotros mismos. Se produce cuando nos damos cuenta de que nuestra vida tan bien amurallada es una cárcel que nosotros mismos hemos levantado, de que pusimos en peligro nuestra propia integridad por miedo a ilusiones que ahora nos provocan la risa. Y así somos los últimos en reír y podemos actuar con amor y

con la verdad en medio de un mundo violento. Como dice
Mary Oliver:

> No sé de dónde
> procede esta seguridad,
> la aguerrida carne
> del teatro de la mente,
> pero si tuviera que adivinarlo,
> diría que solo
> lo que se supone que ha de ser el alma
> puede impulsarnos
> con tanta alegría.[8]

CAPÍTULO X

LA TERCERA VÍA

La no violencia en la vida cotidiana

Ahí fuera, más allá de la idea del bien y del mal,
hay un valle. Allí nos veremos.
Cuando el alma se tumba sobre la yerba,
el mundo está demasiado lleno para hablar de él.
Las ideas, el lenguaje, incluso la expresión «cada uno»
no tienen sentido. [1]

RUMI

LAS MAÑANAS DEL LUNES

En mi viaje interior descubrí muy pronto, después de un estimulante retiro de fin de semana, el desánimo propio de las mañanas del lunes. Después de dos días de exaltación, mi espíritu decaía cuando volvía al trabajo. Ante las obligaciones de la vida del «mundo real», el progreso interior que creía haber logrado me parecía una ilusión y el nuevo yo que pensaba haber encontrado se esfumaba como un espejismo.

Pero ahora comprendo que aquel decaimiento se debía solo en parte a los rigores de la rutina del trabajo y a mi falta de fortaleza espiritual. Los retiros a los que asistía, pese a sus buenos propósitos, propiciaban la desesperanza. Configurados por una espiritualidad que tenía más de huida que de compromiso, hacían que ascendiera a cumbres de aire tan enrarecido que no podía permanecer en ellas mucho tiempo.

El círculo de confianza, por el contrario, no nos lleva a la cumbre solo para después soltarnos y que nos precipitemos al vacío. Nos coloca en la cinta de Moebius, en la que nunca nos separamos del suelo. Una y otra vez oigo repetir a los participantes: «Es el primer retiro de los que he asistido que no me abandona "arriba". Aquí me siento más asentado en mí mismo y más a gusto con el mundo».

Cuando dejamos un círculo de confianza, regresamos al trabajo, o a cualquier otro campo de la vida, con mayor capacidad para dedicarnos a él de forma que nos vivifique. El trabajo interior que hemos hecho en ese círculo nos recuerda que estamos cocreando constantemente el mundo; por esto no tenemos por qué ser sus víctimas. Ahora llegamos a la mañana del lunes con otra forma de entender la antigua exhortación: «Os he puesto delante la vida y la muerte, la bendición y la maldición; escoged, pues, la vida».[2]

Pero cuando «escogemos la vida», enseguida nos enfrentamos a la realidad de una cultura saturada de violencia. Entiendo por violencia algo más que la ferocidad física que se ceba con la presa. Son mucho más habituales esos ataques al espíritu humano tan endémicos en nuestra vida que ni siquiera los reconocemos como actos violentos.

Es la violencia del padre que ofende a su hijo, la del profesor que menosprecia a sus alumnos, la del jefe que trata a sus empleados como medios desechables para fines económicos, la del médico que trata al paciente como si fuera un objeto, la de la persona que condena a gays y lesbianas «en nombre de Dios», la del racista que vive creyendo que individuos de piel de color distinto del suyo son menos humanos. Y del mismo modo que la violencia física puede provocar la muerte física, la violencia espiritual provoca otro tipo de muertes: la del sentido del yo, la de la confianza en los demás, la del valor para arriesgar en nombre de la creatividad, la del compromiso con el bien común. Si hubiera obituarios para estos tipos de muerte, los diarios serían un grueso volumen.

MÁS ALLÁ DE LUCHAR O HUIR

Por violencia entiendo *toda forma de violar la identidad y la integridad de otra persona*. Creo que es una buena definición, porque revela las decisivas conexiones entre todos los actos de violencia, sean grandes o pequeños: desde los bombardeos sobre poblaciones indefensas en cualquier parte del mundo hasta el menosprecio de cualquier niño en el aula.

La mayoría pasamos la vida en casa, en clase o en el trabajo; todos representamos nuestro pequeño papel en el gran teatro global. Pero las decisiones que tomamos en el microespacio de la vida contribuyen, para bien o para mal, a lo que ocurre en el mundo más amplio. Basta con que consintamos las pequeñas dosis diarias de violencia para que nos desensibilicemos, compartamos la insensata idea popular de que la violencia es «algo normal» y aceptemos pasivamente su dominio.

Uno de los regalos que se nos hacen en el círculo de confianza es la oportunidad de ver lo anormal que es la violencia. En este círculo, en condiciones que evocan a «los mejores ángeles de nuestra naturaleza», experimentamos nuestra capacidad de aceptar, no violar, la identidad e integridad de los demás. Y somos testigos de todo lo bueno que se puede producir —dentro, fuera y más allá de nosotros— cuando aprendemos a relacionarnos de esta forma.

En el círculo de confianza, descubrimos una «tercera vía», otra forma de responder a la violencia del mundo, así llamada porque es una alternativa al ancestral instinto animal de «luchar o huir».[3] Luchar significa enfrentarse a la violencia con más violencia, provocando que esta aumente; huir es ceder a la violencia, anteponiendo así el santuario privado al bien común. La tercera vía es la de la no violencia, que entiendo como *comprometerse a actuar en todas las situaciones respetando el alma.*

He estado en un círculo de confianza donde el tema de debate era la no violencia, pero esta es el trasfondo tácito de todos los círculos de este tipo que conozco. Al crear un espacio seguro para el alma de todos, descubrimos qué significa vivir sin violencia y vislumbramos cómo podríamos vivir así todos los días. Empezamos a ver cómo se pueden trasladar a otras partes de nuestro mundo los principios y las prácticas del círculo: a la familia, a nuestro entorno, al trabajo y al ámbito público. Ahora comprendemos una verdad sencilla pero importante: la tercera vía no es un camino de sumo heroísmo reservado a gente como Gandhi o Luther King. Es un camino por el que podemos, y debemos, transitar seres mortales como tú y yo.

En realidad, ir por la tercera vía se parece mucho a andar en sentido literal: significa dar pasos sencillos, uno después de otro, unos pasos que acojan el alma. Los siguientes son tres breves ejemplos de lo que quiero decir. Son ejemplos importantes porque implican actos que cualquier persona u organización puede llevar a cabo. Y todos proceden del ámbito laboral, uno de los espacios de nuestra vida donde se violan la identidad y la integridad de demasiadas personas.

Sé de gente que, inspirada por los círculos de confianza, ha encontrado una nueva forma de participar en la toma de decisiones dentro de una organización. Donde antes se apresuraban a entablar batalla oponiéndose a cualquier asomo de «equivocación» por parte de los compañeros, ahora son más proclives a hacer preguntas sinceras y abiertas sobre las opiniones de los demás, preguntas que invitan al diálogo, generan nuevas percepciones y en algunos casos revelan que existe más unidad de la que imaginaban.

Conozco a jefes de grupos de trabajo que, inspirados por los círculos de confianza, ahora empiezan las reuniones con unos minutos dedicados a contar historias personales, planteando preguntas discretas para que los empleados conozcan un poco de sus respectivas vidas y no se sientan elementos que se pueden sustituir fácilmente —por ejemplo: «¿Cuáles han sido tus mejores vacaciones?», «¿Cómo te ganaste los primeros dólares fuera de casa?» o «¿Qué entiendes por pasarlo bien, cuando no estás trabajando?»—.

Sé de una importante compañía de atención médica cuya consejera delegada, inspirada por un principio fundamental de los círculos de confianza, creó en su organización espacios seguros donde los empleados pudieran decir su verdad sin que se los sancionara por ello. Dicha organización recibió después un premio a la calidad, gracias en gran parte a esa zona libre de culpa donde médicos y enfermeras pueden hablar de sus errores. «La mitad de los incidentes que así se conocieron sirvió directamente para mejorar el sistema», dijo la consejera delegada, una antigua enfermera que «en su día no pudo informar de su propio error en la medicación de un paciente».[4]

Si queremos andar por la tercera vía, es importante que nos demos cuenta de lo sencillos que pueden ser los pasos. Sin embargo, aunque parezca una contradicción, también es importante entender que no son tan sencillos como pueda parecer. Es desalentador hacer preguntas sinceras y abiertas en una cultura corporativa que le da más valor a la rapidez que a la reflexión, evocar historias personales en un mundo laboral donde los trabajadores recelan e intentan protegerse, o invitar a decir la verdad en un espacio en el que la gente por lo general simula para protegerse de los demás.

Quien va por la tercera vía en ámbitos como estos se encontrará con toda probabilidad con suspicacias, oposición, indiferencia o algo peor: se dará cuenta de la omnipresencia de la violencia no física. Por esto, quienes quieran actuar de agentes del cambio no violento necesitan contar al menos con cuatro recursos para sobrevivir y perseverar: unos sólidos principios que avalen lo que intentan hacer, una estrategia razonable para llevarlo a cabo, una comunidad permanente de apoyo y una base interior en la que cimentarse.

El principio fundamental de la no violencia es simple y se justifica por sí mismo: actuamos de forma que acoja al alma porque el alma es digna de que se la acoja. Cuando actuamos movidos por tal principio, es posible que cambiemos o no el mundo. Pero nosotros, con el ejercicio de la consideración y el respeto, siempre cambiaremos para mejor.

Los agentes del cambio no violento no carecen de motivos prácticos: saben que la aceptación del alma como fin en sí mismo puede fortalecer nuestra capacidad de cumplir también con el trabajo del mundo. Las personas que en las reuniones hacen preguntas sinceras y abiertas saben que cuando pensamos juntos, y no aislados y enfrentados, es más probable que tomemos buenas decisiones. El jefe que les da a los miembros de su grupo la oportunidad de conocer sus respectivas vidas sabe que, cuando los compañeros de trabajo tienen conexiones personales, rinden más en general y saben superar mejor las crisis. El consejero delegado que crea zonas en las que se puedan contar historias personales sin miedo a sanciones, sabe que ninguna organización puede mejorar hasta que sus miembros se sientan libres para reconocer sus errores y enmendarlos.

El segundo recurso que necesitan los agentes de la no violencia es una estrategia sensata para el cambio. Cuando las personas deciden participar en la toma de decisiones haciendo preguntas en lugar de discutir, su «estrategia» consiste simplemente en desempeñar este nuevo papel con competencia y un corazón abierto, sirviendo de modelo de nuevas posibilidades y sin intentar manipular los resultados. De este modo, el movimiento hacia la toma colaborativa de decisiones puede avanzar sin oposición, porque nadie se da cuenta de lo que ocurre. Y si la organización empieza a tomar mejores decisiones que redunden en favor de sus objetivos, la práctica se puede multiplicar.

Cuando el jefe decide que contar historias puede fortalecer un grupo de trabajo, no lo impone de forma inesperada. Comparte antes su idea y, si cuenta con acuerdos suficientes para seguir, introduce la práctica de manera gradual, cultivando el consenso a medida que se va avanzando. Si se realiza con tacto y respeto, de modo que quien se sienta incómodo pueda abstenerse de participar, una práctica «extraña» como la de contar historias se puede convertir en algo normal, en una costumbre con la que la gente se sienta más visible y valorada.

Cuando un consejero delegado decide invitar a asumir el riesgo de contarse historias para fortalecer la misión de la organización, sabe que ha de ser él quien se arriesgue primero a contar alguna historia propia. No es casual que detrás del premio otorgado a aquella compañía de atención médica hubiera una consejera delegada que reconoció públicamente que no supo admitir un error vital. Su estrategia fue clara y convincente: oír contar su propia historia a un líder puede legitimar que se haga lo mismo en todos los niveles.

El tercer recurso fundamental para los agentes del cambio no violento es una comunidad permanente de apoyo. En este tipo de comunidad —en un círculo de confianza—, hacemos algo más que aprender los principios y las prácticas de la no violencia. Pasamos tiempo en compañía de personas que pueden darnos apoyo en nuestras incursiones en el mundo, personas con las que podemos compartir éxitos y fracasos, miedos y esperanzas, que nos pueden ayudar a encontrar el valor necesario para dar el paso siguiente.

Conozco muchos círculos de confianza cuyo plan inicial era reunirse durante uno o dos años. Seis, ocho o diez años después, varios de sus miembros se siguen reuniendo de forma regular. Al ir y venir del círculo de confianza al mundo, se dieron cuenta de la importancia del apoyo comunal para seguir con su empeño de no vivir divididos nunca más.

Por último, los agentes de la no violencia necesitan una base interior en la que asentarse. No podemos recorrer la tercera vía y sobrevivir en medio de «la ventisca del mundo» sin disponer de un lugar de paz interior, un punto que el círculo de confianza nos puede ayudar a encontrar. Pero este santuario interior no es solo para nuestra supervivencia; es el emotivo cimiento de las acciones no violentas llevadas a cabo al servicio de los demás.

Hacer preguntas sinceras y abiertas, invitar a las personas a contar sus historias y fomentar que se diga la verdad en las organizaciones no pueden ser simples técnicas de gestión ni sistemas de ingeniería social. Si nacen del deseo de manipular y controlar —y del miedo oculto en este deseo—, se convierten en actos falaces y destructivos. Pero si se realizan con sensibilidad y buena voluntad, estos actos pueden propiciar las mismas cualidades en los demás. Solo podremos ser pacificadores en nuestra pequeña parte del mundo si estamos en paz con nosotros mismos.

LA BRECHA TRÁGICA

Todo tipo de violencia tiene sus raíces en la vida dividida, en esa falla que hay *dentro* de nosotros que se agrieta, se abre y provoca una fragmentación *entre* nosotros. Pero muchas veces la violencia no es solo intrapersonal e interpersonal. Del mismo modo que la violencia física que llamamos guerra requiere un enorme apoyo institucional, la mayoría de las formas de violencia no física cuentan con disposiciones institucionales que la hacen posible e incluso la fomentan.

Universidades que creen que la competición del ganar o perder es la mejor forma de que aprendan los estudiantes, facultades de medicina que convierten el sufrimiento de los enfermos en «objeto» abstracto de estudio, instituciones religiosas levantadas sobre la idea de que solo ellas conocen la mente de Dios, entidades financieras que anteponen el derecho del capital a los de las personas, instituciones políticas basadas en la ley del más fuerte, organismos culturales que dan prioridad a gente de una determinada raza o sexo: así, y de otras muchas formas, la violencia está trenzada en el propio tejido de nuestra existencia colectiva.

La mala noticia es que la violencia se encuentra en todos los ámbitos de nuestra vida. La buena, que también podemos optar por la no violencia en todos ellos. Pero ¿qué significa concretamente actuar de forma no violenta? Resulta evidente que la respuesta depende de la situación: puede haber mil respuestas para otras mil situaciones. No obstante, si repasamos todas estas respuestas, daremos con un «hábito del corazón»: estar en el mundo con actitud no violenta significa aprender a aguantar la tensión de los opuestos, confiar en que la propia tensión nos abrirá el corazón y la mente a una tercera forma de pensar y actuar.

En particular, debemos aprender a soportar la tensión entre la *realidad* del momento y la *posibilidad* de que pueda surgir algo mejor. En una reunión de empresa, por ejemplo, me refiero a la tensión entre el hecho de que estemos estancados, incapaces de decidir lo que conviene hacer, y la posibilidad de que podamos encontrar una solución mejor que todas las que estén sobre la mesa. En el mundo posterior al 11-S, me refiero a la tensión entre el hecho de que estemos inmersos en un ciclo bélico interminable y la posibilidad de que algún día podamos vivir en un mundo en paz.

En teoría se puede encontrar una tercera vía más allá de nuestro dilema actual, sin duda, pero, en la práctica, a veces no parece probable que demos con ella. En una reunión de empresa con posturas enfrentadas, es posible que haya una solución mejor, pero las presiones del ego, el tiempo y la cuenta de resultados hacen improbable que la encontremos. En un mundo sumido en guerras, podemos soñar en la paz, pero la sombría realidad de la codicia, el miedo, el odio y las armas apocalípticas convierten ese sueño en una ilusión.

La idea nuclear de la no violencia es que vivimos en una brecha trágica: una brecha entre cómo son las cosas y cómo sabemos que podrían ser. Es una brecha que nunca se ha cerrado ni se cerrará. Hemos de aprender a vivir en ella, si queremos un mundo sin violencia, soportando con fe la tensión entre la realidad y la posibilidad, con la esperanza de que se nos abra una tercera vía.

Sé muy bien lo difícil que es vivir en esta brecha. Podemos intentar mantenernos aferrados a la realidad y a la esperanza, pero a menudo nos es muy difícil aguantar esa tensión, soltamos uno de los extremos y nos estrellamos en el otro. A veces nos resignamos a cómo están las cosas y caemos en un pesimismo que nos desvincula de la realidad. A veces nos aferramos a fantasías escapistas y, en la refriega, nos mantenemos a flote. Me he visto empujado a ambos extremos, y por esto he intentado entender por qué.

Hay, en lo más profundo de mí, un instinto más primitivo aún que el de «luchar o huir», y no creo que sea exclusivamente mío. Somos una especie a la que todo tipo de tensión produce una profunda inquietud, y pretendemos resolverlas todas lo antes posible.

Por ejemplo, nos encontramos en una reunión en la que hay que tomar una decisión. A medida que vamos hablando, se ve con claridad que los presentes discrepan sobre el asunto en cuestión, y, al escuchar las diferentes opiniones, nos vamos sintiendo cada vez más frustrados. Molestos por tener que soportar la tensión entre las opiniones opuestas y deseosos de «pasar a otro asunto», planteamos la pregunta, votamos y dejamos que la mayoría decida lo que hay que hacer.

La tensión se ha resuelto, o eso parece. Pero al dejar de estudiar el asunto, nos hemos privado de la oportunidad de encontrar una vía mejor, de permitir que las ideas opuestas se enriquezcan mutuamente y maduren hasta que surja una idea nueva. Y al dejar que la mayoría decida el camino por seguir, muchas veces ocultamos la tensión, lo que crea una minoría resentida que se dedica a socavar la decisión que creíamos haber tomado.

A veces, nuestro instinto de resolver la tensión rápidamente actúa en un escenario mayor. Cuando se vio claramente lo que había ocurrido el 11 de septiembre de 2001, los estadounidenses quedamos atrapados en una tensión entre la violencia que se nos había infligido y lo que habría que ejercer para responder a ella. Naturalmente, nunca hubo dudas al respecto. Nuestra respuesta sería acabar con la violencia de quienes la ejercieron —o de quienes podía hacerse que pareciera que la habían ejercido— porque esto es lo que hacen las naciones.

Pero teníamos una alternativa: podríamos haber aguantado esa tensión más tiempo, para que pudiésemos dar con una respuesta más vivificante. Si lo hubiésemos hecho, es posible que hubiéramos empezado a comprender que el terror que los estadounidenses sentimos el 11 de septiembre es el pan de cada día para muchísimas personas de todo el mundo. Esta percepción podría haber agudizado nuestra capacidad para la empatía global. Esa empatía nos podría haber ayudado a ser ciudadanos más comprensivos y responsables de la comunidad internacional, y a cambiar así algunas de nuestras políticas y prácticas nacionales que contribuyen al terror que gentes de tierras muy lejanas sienten a diario. Y esas acciones podrían haber hecho que el mundo fuese un lugar más seguro para todos, también para nosotros los estadounidenses.

Si hubiéramos aguantado la tensión más tiempo, podríamos haber dado paso al tipo de acciones que propone William Sloane Coffin: unas acciones que nos sitúan en la brecha entre la realidad y la posibilidad:

> Responderemos, pero no del mismo modo. No intentaremos vengar la muerte de ciudadanos inocentes con la de víctimas inocentes de otras tierras, para no convertirnos en lo que aborrecemos. Nos negamos a avivar el ciclo de violencia que solo provoca más muerte, destrucción y miseria. Lo que haremos será establecer coaliciones con otras naciones. Compartiremos información, congelaremos activos y nos entregaremos a la extradición forzosa de terroristas que hayan sido condenados en el ámbito internacional. Y lo haremos todo con la fuerza de la voluntad de que se haga justicia, pero solo con la fuerza de la ley, nunca con la ley de la fuerza.[5]

En lugar de resistir la tensión y abrirnos a opciones de este tipo, dejamos que el dilema de «luchar o huir» nos apresara. Decimos que «los estadounidenses nunca bajan la cabeza», y luchamos y, mientras escribo esto, seguimos luchando. Pero ¿nos sentimos más seguros hoy que el 12 de septiembre de 2001? Simplemente nos hemos resignado al miedo.

CUANDO EL CORAZÓN SE ROMPE

¿Por qué odiamos aguantar la tensión, en asuntos importantes y no tan importantes? Aparentemente la respuesta es clara: si lo hacemos, parece que seamos más inseguros e indecisos. Sea en una reunión de empresa o en el escenario mundial, queremos aparentar fortaleza, no debilidad. Y queremos ganar. Así que pedimos que se vote o enviamos tropas lo antes posible.

Estar en la brecha trágica es impopular entre nosotros porque va en contra de la arrogancia del poder, profundamente enraizada en nuestro ego y nuestra cultura. ¿Y cuál es el origen de esta arrogancia? La respuesta, creo, es el miedo. Cuanto más inseguro me siento, más arrogante tiendo a ser, y las personas más engreídas que conozco son también las más inseguras. Al ego arrogante no le gusta aguantar la tensión, porque teme perder su estatus si lo derrotan en la batalla del momento.

Este es, al menos, al aspecto superficial del miedo a la tensión. Pero el miedo siempre tiene capas, y solo se puede comprender si se llega al fondo. En última instancia, lo que nos empuja a resolver la tensión lo antes posible es el miedo a que si la soportamos demasiado tiempo nos rompa el corazón.

Esta capa puntal del miedo es la que me interesa, por dos razones al menos. Primero, me genera más comprensión, de mí mismo y de los demás, que el miedo del ego a parecer débil o a perder la batalla, una actitud lastimosa y patética. Y segundo, el miedo a que se rompa el corazón no carece de motivos: aguantar tensiones mucho tiempo puede ser, y a menudo es, una experiencia desgarradora.

Pero hay al menos dos formas de entender qué significa que se nos rompa el corazón. Una es imaginar sus trozos esparcidos alrededor, un sentimiento que la mayoría conocemos, y que todos quisiéramos evitar. La otra es imaginar el corazón roto abierto a nuevas capacidades, un proceso que no está exento de dolor pero que muchos aceptaríamos de buen grado. Cuando estoy en la brecha trágica entre la realidad y la posibilidad, este pequeño puño cerrado que es mi corazón se puede abrir a una mayor capacidad para vivir más alegrías y más sufrimientos, más desaliento y más esperanza, míos y del mundo.

Si quieres testigos de estas opciones, habla con los padres de algún adolescente. A menudo se encuentran en la brecha trágica entre lo que quisieran para su hijo y la realidad de la vida de este. Si no son capaces de aguantar esta tensión, irán en un sentido u otro, aferrados a una fantasía idealizada sobre quién es «su niño» o rechazando esta «espina clavada» con amargo desencanto. Pero ambas reacciones son letales para todos los implicados.

Sin embargo, muchos padres pueden dar fe de que permanecer en la brecha trágica y aguantar la tensión no solo redunda en beneficio de sus hijos: los propios padres se hacen más receptivos, más conscientes y más comprensivos. E. F. Schumacher lo representa muy bien:

A lo largo de la vida nos enfrentamos a la tarea de conciliar opuestos que, según la lógica al uso, son inconciliables [...] ¿Cómo se pueden conciliar la exigencia de libertad y la disciplina en la educación? Son incontables las madres, y los profesores, que lo hacen, pero nadie sabe dar la solución por escrito. Lo consiguen aplicando a la situación una fuerza que pertenece a un nivel superior que trasciende los opuestos: la fuerza del amor [...] Los problemas opuestos, por así decirlo, nos obligan a esforzarnos por llegar a un nivel que está por encima de nosotros mismos; exigen, y con ello provocan, que se les suministren fuerzas de un nivel superior, y así nos llenan la vida de amor, belleza, bondad y verdad».[6]

Si quieres un ejemplo menos prosaico que demuestre que aguantar la tensión puede romper el corazón, piensa en alguien que se haya hecho famoso por su devoción a la verdad y la justicia, el amor y el perdón. No se me ocurre nadie que encaje en esta definición que no haya pasado la vida en la brecha trágica, dividido entre la realidad del mundo y la idea de la posibilidad humana. Es, en resumen, la vida del Dalái Lama, de Aung San Suu Kyi, de Nelson Mandela, de Dorothy Day, de Martin Luther King, de Rosa Parks y de Thich Nhat Hanh, por nombrar unos pocos. Corazones como los suyos se rompen para abrirse a una generosidad que lleva consigo la posibilidad de un futuro mejor para todos.

Teniendo presentes todas estas imágenes, de millones de padres anónimos y unos pocos agentes del cambio no violento conocidos en todo el mundo, quiero volver al miedo del ego a que aguantar la tensión haga que parezcamos débiles y nos impida conseguir resultados. Como bien demuestran las personas citadas y otras muchas anónimas, el miedo no tiene fundamento: quienes consiguen el mayor bien son quienes tienen mayor capacidad para mantenerse en la brecha trágica. Evidentemente, los resultados llegan más despacio si, en lugar de recurrir a la votación o enviar al ejército, resistimos la tensión.

Oigo decir a menudo que hay asuntos de tal urgencia práctica o ética que resistir la tensión antes de pasar a la acción no solo es ineficaz sino irresponsable. Es posible que así sea en algunos casos, pero no siempre. Como ocurre con todas las cuestiones importantes, determinar la rapidez con que conviene actuar requiere discernimiento. Pensemos en el caso de John Woolman (1720-1772), un cuáquero que vivió en la Nueva Jersey colonial. Sastre de oficio, Woolman vivió entre granjeros y empresarios cuáqueros cuya riqueza dependía mucho del trabajo de los esclavos. Pero él recibió de Dios la revelación de que la esclavitud era abominable y que los Amigos cuáqueros debían liberar a sus esclavos.

Durante veinte años, y a muy alto precio personal, Woolman se dedicó a compartir esta revelación con los cuáqueros y a aplicarlo a todo lo que hacía. Cuando visitaba alguna granja remota para compartir su revelación, en lugar de comer lo que los esclavos habían preparado o servían, ayunaba. Si sin darse cuenta se beneficiaba de algún modo del trabajo de un esclavo, insistía en pagarle.

El mensaje de Woolman no siempre era bien recibido por sus compañeros cuáqueros, quienes eran, y son, tan propensos como cualquiera a vivir vidas divididas —como dice un satírico refrán autocrítico cuáquero: «Vinimos a este país a hacer el bien, y nos ha ido muy bien»—. Aquel mensaje, cuando se aceptaba, exigía un sacrificio económico a los acomodados terratenientes cuáqueros.

John Woolman estaba sometido a una terrible tensión cuando iba de ciudad en ciudad, de granja en granja, de reunión en reunión, diciendo su verdad y manteniéndose en la brecha trágica entre la idea cuáquera de «ese Dios que hay en toda persona» y la realidad de la esclavitud entre los cuáqueros. Pero resistió la tensión, durante veinte años, hasta que esa comunidad llegó al acuerdo de que debían liberar a sus esclavos.

Por una parte, es la historia de una congregación cristiana que abrazó el mal y se aferró a él demasiado tiempo. Pero los cuáqueros fueron la primera comunidad religiosa de Estados Unidos que liberó a los esclavos, y lo hicieron casi ochenta años antes de que estallara la Guerra Civil. En 1783, la comunidad cuáquera presentó una iniciativa ante el Congreso estadounidense para que se corrigieran los «complejos males» y el «comercio injusto» provocados por la esclavitud de seres humanos.[7] Y a partir de 1827, desempeñó un papel fundamental en el desarrollo del Ferrocarril Subterráneo.*

Los cuáqueros se opusieron a la esclavitud en una etapa temprana de la historia de Estados Unidos gracias en parte a un hombre, John Woolman, que estuvo dispuesto a resistir la tensión entre la realidad y la posibilidad. Pero es importante señalar que toda la comunidad cuáquera también estuvo dispuesta a aguantar la tensión hasta que se les abrió otra forma más íntegra de estar en el mundo. Se negaron a ceder al impulso de resolver la tensión prematuramente, fuera echando a Woolman o votando para que la mayoría que aceptaba la esclavitud consiguiera sus propósitos. En su lugar, dejaron que la tensión entre la realidad y la posibilidad les rompiera su corazón colectivo y lo abriera a la justicia, la verdad y el amor.

Hay un antiguo cuento jasídico que explica cómo ocurren estas cosas. El discípulo se dirige al rabino y le pregunta:

—¿Por qué la Torá nos dice que pongamos «estas palabras *sobre* nuestros corazones»? ¿Por qué no dice que pongamos estas palabras sagradas *en* nuestros corazones?

---

* Red clandestina organizada en el siglo xix en Estados Unidos y Canadá para ayudar a los esclavos afroamericanos a escapar desde las plantaciones del sur hacia estados libres o hacia Canadá. Ver https://es.wikipedia.org/wiki/Ferrocarril_subterr%C3%A1neo (N. del T.).

El rabino responde:

—Porque, tal como somos, tenemos el corazón cerrado, y no podemos poner las palabras sagradas en su interior. Por eso las ponemos encima de él. Y allí se quedan hasta que, un día, el corazón se rompe y las palabras caen dentro.[8]

LA TENSIÓN EN LOS CÍRCULOS DE CONFIANZA

Cuando nos sentamos en un círculo de confianza, vivimos una experiencia tras otra de aguantar la tensión de los opuestos, unas experiencias que poco a poco nos rompen el corazón y nos lo abren a una mayor capacidad. Las que siguen son algunas de las tensiones que aprendemos a resistir en un círculo de confianza, una lista que simplemente resume temas que ya hemos analizado:

- Cuando escuchamos los problemas de otra persona, no nos apresuramos a arreglar ni salvar nada; aguantamos la tensión para proporcionarle a esa persona un espacio en el que pueda escuchar a su maestro interior. No aprendemos a invadir ni a evitar la realidad de la vida de cada uno, sino a encontrar una tercera vía para ayudarnos mutuamente.

- Creamos una forma de comunidad que está mediada por «terceros elementos». Estos poemas, historias u obras de arte nos permiten abordar asuntos difíciles mediante metáforas, de una forma que no nos obliga a decidir a favor o en contra, como ocurre en los debates convencionales.

- Nuestro discurso nunca implica esfuerzos por convencernos ni disuadirnos unos a otros. Al contrario, cada persona habla desde su centro al centro del círculo, donde nuestra exploración nos puede llevar a un nivel más profundo mientras resistimos la tensión que tejer un «tapiz de la verdad» lleva implícita.

• En un círculo de confianza, la verdad no reside ni en una determinada autoridad externa ni en las convicciones momentáneas de cada persona. La verdad está entre nosotros, en la tensión de la conversación eterna, donde la voz de la verdad que creemos que escuchamos desde dentro se puede verificar y equilibrar con las voces de la verdad que otros creen que están escuchando.

Así, y de otras muchas formas, el círculo de confianza nos abre modos de compromiso mutuo que aceptan el alma y nos ayudan a ir más allá del «luchar o huir», unos modos que nos abren la posibilidad de ir por la tercera vía en la vida cotidiana. La que sigue es otra historia real sobre cómo se produce todo esto.

Jim era un maestro de una escuela pública conocido entre sus compañeros por su oposición a los exámenes externos decisorios y por su convincente forma de defender su posición sobre el tema. Se apuntó a un círculo de confianza de dos años en gran parte porque, después de dos décadas de docencia, había llegado al punto en que empezaba a sentirse quemado. El círculo no hizo que Jim cambiara sus ideas sobre ese tipo de exámenes. Pero le enseñó a escuchar más profundamente a las personas que discrepaban de muchas de sus ideas, y así se encontró con que el corazón se le había abierto.

Dos años después de que concluyera el círculo, Jim decidió presentarse a director de la comisión de profesorado de la escuela, encargada de mejorar la política federal de exámenes externos. Su oposición a esa política seguía siendo firme. Pero ahora comprendía que los profesores necesitaban un espacio seguro donde pudieran expresarse y escuchar con respeto ideas opuestas sobre el asunto, si se quería avanzar sin dañarse unos a otros, a la escuela ni a los niños. Jim salió elegido y, bajo su dirección, la comisión contribuyó a implementar la política de exámenes de forma que prácticamente todos los implicados se sintieron aceptados.

Hay dos elementos en esta historia que merecen ser destacados. En primer lugar, Jim se postuló para ese puesto, muestra de la profunda transformación que había experimentado su sentido del yo en el círculo de confianza. Sin renunciar a sus firmes convicciones, ahora veía que su principal cometido era resistir tensiones, no crearlas; construir puentes, no muros. En segundo lugar, sus colegas lo eligieron para el puesto, muestra de lo visible que era para ellos esa transformación. El «viejo» Jim nunca habría sido elegido para un puesto de tal importancia, porque sus colegas no le habrían confiado que creara un espacio seguro para opiniones y voces diversas.

Antes de que nadie supiera que Jim se presentaba a la elección, alguien le preguntó:

—¿Qué fue lo más importante que te ocurrió a lo largo de los dos años de duración de ese círculo de confianza?

La respuesta fue clara e inmediata, y define las cualidades necesarias para ir por la tercera vía:

—A través de esos retiros, redescubrí la generosidad de corazón y desarrollé la aceptación del sufrimiento.

¿Qué voz dice estas palabras? No la de la inteligencia, que habla de hechos y teorías. No la de la emoción, que habla de alegría y enojo. No la de la voluntad, que habla de esfuerzo y resultado. No la del ego, que habla de orgullo y vergüenza. Solo el alma, creo, es capaz de expresar cosas como estas.

El alma es generosa: asume las necesidades del mundo. El alma es sabia: sufre sin desánimo. El alma es optimista: impulsa el mundo de forma que nos abre el corazón. El alma es creativa: encuentra el camino entre realidades que podrían derrotarnos y fantasías que no son sino huidas. Todo lo que hemos de hacer es derribar el muro que nos separa de nuestra propia alma y de cuya fuerza regeneradora priva al mundo.

❧❧❧

He pensado un buen rato antes de escribir «todo lo que tenemos que hacer», porque lleva a que nuestra tarea parezca sencilla. Durante la mayor parte de mi vida, derribar el muro no ha sido nada sencillo, y aún hay días en que me parece difícil y peligroso. Pero en los últimos años han sido más los días en que derribar muros me parece fácil, días en que me sorprende que eso mismo fuera tan difícil en otros tiempos.

Cuando me pregunto por qué es así, la respuesta está en el espejo: me estoy haciendo mayor. Con la edad, algunas cosas se hacen más fáciles, aunque no todas, por supuesto: hoy me cuesta más dormir toda la noche, recordar qué he subido a hacer, reunir todas las sinapsis necesarias para la «multitarea», empezar y terminar un libro...

No obstante, hay otras cosas que sí son más fáciles, y una de ellas es ser yo mismo. La edad me priva de la energía necesaria para disimularlo y también de la motivación. Siento menos necesidad de engañar a nadie sobre nada, y más de seguir aquí como yo mismo todo el tiempo que se me conceda. Los días en que siento estos regalos de la edad son una auténtica bendición y puedo estar en el mundo como el pino de Banks en su peñasco, con la sencilla integridad que nace de ser quien soy.

Mary Oliver tiene un poema que lleva por título «Cuando llegue la muerte» que leí por primera vez en un círculo de confianza.[9] Hace ya más de diez años que me acompaña, en parte por cómo me lo abrió esa «comunidad de soledades», y en parte porque representa con admirable claridad mi estado actual.

El poema empieza con varias imágenes de la muerte —«el oso hambriento en otoño», «la viruela», «un témpano entre los omóplatos»—, imágenes arrojadas como agua fría a la cara de cualquier lector que niegue la muerte. Luego da un giro repentino —marcado con las palabras «Y, por tanto...»—, seguido de una lista de decisiones vivificantes que podemos tomar cuando contemplamos nuestra propia mortalidad. Es una lista que dibuja una vívida imagen de la vida no dividida:

Y, por tanto, lo miro todo
como a una hermandad de hombres y mujeres,
y veo el tiempo como apenas una idea y
considero la eternidad como otra posibilidad.
Y pienso en cada vida como una flor
tan común como una margarita del campo,
y tan singular.
Y cada nombre como una música agradable

en la boca, que tiende,
como toda música, al silencio.
Y cada cuerpo como un león de coraje,
y algo precioso para la Tierra.
Cuando termine, quiero decir:
toda mi vida fui una novia casada con el asombro,
fui el novio, levantando el mundo en mis brazos.
Cuando termine, no quiero preguntarme
si hice de mi vida algo particular y real.
No quiero encontrarme suspirando y asustada,
y llena de argumentos.
No quiero terminar simplemente
habiendo visitado este mundo.

Cuando aceptamos la simple realidad de nuestra mortalidad, también acogemos a nuestro verdadero yo. Así vemos con nueva claridad que el regalo de la vida solo nos pertenece durante un tiempo, y por ello decidimos «no vivir divididos nunca más», simplemente porque lo contrario sería de necios. Y al vivir de acuerdo con esta decisión, vemos con nueva claridad que toda la vida de nuestro alrededor es «algo precioso para la Tierra» y encontramos más y más formas de aceptar nuestra propia alma y la de toda criatura mortal.

NOTAS

Agradecimientos
1. Para obtener más información sobre dicha oportunidad, véase www.teacherformation.org y pulsar en el apartado destinado a los lectores de esta obra.
2. Para más información sobre el Instituto Fetzer, ir a www.fetzer. org.
3. Para más información sobre el Center for Formation del Community College, ver www.league.org/league/projects/formation/index.htm.
4. Para más información sobre el trabajo de la Accreditation Commission for Graduate Medical Education, véase www.acgme.org y pulsar en «Award Program».
5. D. M. Thomas, «Stone», en John Wain, ed., *Anthology of Contemporary Poetry: Post-War to the Present*, Londres, Hutchinson, 1979, pág. 27.

Preludio
1. Leonard Cohen, «The Future» © 1992 de Sony Music Entertainment, Inc.

Capítulo I
1. Douglas Wood, *Fawn Island,* Minneapolis, University of Minnesota Press, 2001, págs. 3-4.
2. Thomas Merton, «Hagia Sophia», en Thomas P. McDonnell, ed., *A Thomas Merton Reader*, Nueva York, Image/Doubleday, 1974, 1989, pág. 506.

3. U. S. Department of Agriculture, *A Changing Forest*, Washington, D. C., Government Printing Office, 2001.

4. Rumi, «Forget Your Life», en Stephen Mitchell, ed., *The Enlightened Heart*, Nueva York, 1989, pág. 56.

5. Sam Waksal, entrevistado por Steve Kroft, *60 Minutes,* CBS News, 6 de octubre de 2003. Ver www.cbsnews.com/stories/2003/10/02/60minutes/main576328.shtml.

6. Noah Porter, ed., *Webster's Revised Unabridged Dictionary*, Springfield, Mass., Merriam, 1913, pág. 774.

7. John Middleton Murry, citado en M. C. Richards, *Centering*, Middleton, Conn., Wesleyan University Press, 1989, epílogo.

8. «Persons of the Year», *Time,* 30 de diciembre de 2002/6 de enero de 2003, págs. 30 y ss.

9. Íbid., pág. 33.

10. Íbid.

11. Para más información sobre el programa para educadores de centros públicos de enseñanza, ver www.teacherformation.org.

12. Para más información sobre el programa ampliado, ver www.teacherformation.org y pulsar en el apartado destinado a los lectores de esta obra.

Capítulo II

1. Rainer Maria Rilke, en Stephen Mitchell, ed., *The Selected Poetry of Rainer Maria Rilke*, Nueva York, Vintage Books, 1984, p. 261.

2. Rumi, «Someone Digging in the Ground», en Coleman Barks y John Moyne, trads., *The Essential Rumi*, San Francisco, Harper San Francisco, 1995, pág. 107.

3. C. S. Lewis, *The Chronicles of Narnia* (*Las crónicas de Narnia*), Nueva York, HarperCollins, 1994.

4. Václav Havel, *The Power of the Powerless*, Nueva York, Sharpe, 1985, pág. 42 (*El poder de los sin poder*, Ediciones Encuentro, 1990). La Revolución de Terciopelo fue un movimiento incruento que en 1989 acabó con el gobierno comunista de Checoslovaquia.

5. Rilke, *The Selected Poetry,* pág. 261.

6. No soy el primero en usar la expresión *círculo de confianza*, pero, por lo que sé, el significado que le doy es exclusivamente mío. Si se busca en la Red *circles of trust* se verá que se emplea con muy diversos fines, desde la mejora del estatus de los pobres en los países en vías de desarrollo (www.lightlink.com/cdb-l/archives/12.94-3.96/1303.html) hasta la verificación de la

identidad individual en el anonimato del ciberespacio (www.sciam.com/2000/0800issue/0800cyber.html). Y, en la película *Los padres de ella*, el personaje que interpreta Robert de Niro se refiere a un «círculo de confianza» en tono sarcástico.

7. Ver www.orgdct.com/more_on_t-groups.htm.

8. C. S. Lewis, op. cit.

9. Agradezco a Johnny Lewis la autorización para utilizar sus palabras.

10. Diana Chapman Walsh, «Cultivating Inner Resources for Leadership», en Frances Hesselbein, ed., *The Organization of the Future*, San Francisco, Jossey-Bass, 1997, pág. 300 (*La organización del futuro*, Ediciones Deusto, 1998).

Capítulo III

1. Mary Oliver, «Maybe», en Robert Bly, ed., *The Soul Is Here for Its Own Joy: Sacred Poems from Many Cultures*, Hopewell, N. J., Ecco Press, 1995, pág. 15.

2. Thomas Merton, *The Inner Experience*, San Francisco, Harper-San-Francisco, 2003, pág. 4 (*La experiencia interior*, Ediciones Oniro, 2004).

3. Mary Oliver, «Low Tide», *Amicus Journal,* invierno de 2001, pág. 34.

4. En el capítulo IV de mi libro *Deja que tu vida hable* (Editorial Sirio) expongo minuciosamente mi experiencia de la depresión.

5. Erica Goode, «Making Sense of Depression», *Oregonian,* 9 de febrero de 2000, pág. B1. Ver también Randolph M. Nesse, «Is Depression an Adaptation?», *Archives of General Psychiatry,* 2000, 57, págs 14-20.

6. Robert Pinsky, trad., *The Inferno of Dante*, Nueva York, Noonday Press, 1994, I, 1-7.

7. Human Rights Campaign Foundation, *Finally Free: Personal Stories: How Love and Self-Acceptance Saved Us from «Ex-Gay» Ministries*, Washington, D.C., Human Rights Campaign Foundation, 2000, pág. 2.

8. Mark Bowden, «Tales of the Tyrant», *Atlantic Monthly,* mayo de 2002, pág. 40.

9. W. H. Auden, «Under Which Lyre», en *Collected Poems of W. H. Auden*, Londres, Faber & Faber, 1946.

10. La cinta de Moebius fue descubierta en 1858 por el matemático y astrónomo alemán August Ferdinand Möbius. La ecuación

que resulta de esta forma se conoce como «transformación de Moebius» o «transformación bilinieal».

11. T. S. Eliot, «Four Quartets: Little Gidding», en *The Complete Poems and Plays, 1909-1950*, Nueva York, Harcourt, 1952, pág. 145.

Capítulo IV

1. Robert Bly, *The Morning Glory: Prose Poems*, Nueva Yok, Harper-Collins, 1975, epílogo.
2. La idea de que «¿para quién soy?» es una pregunta tan importante como «¿quién soy?» nació en una conversación que tuve con Douglas Steere, filósofo y escritor cuáquero ya fallecido que fue profesor del Haverford College.
3. Dietrich Bonhoeffer, *Life Together*, Nueva York, HarperCollins, 1954, pág. 78 (*Vida en comunidad*, Ediciones Sígueme, 2009).
4. Ver Igumen Chariton of Valamo, *The Art of Prayer: An Orthodox Anthology*, Londres, Faber & Faber, 1997, págs. 110 y 183.
5. *Fellowship,* noviembre/diciembre de 1997, pág. 23, citando a Tissa Balasuriya, *Mary and Human Liberation*, Harrisburg, Pa., Trinity Press International, 1997.
6. Rumi, «I Have Such a Teacher», en Bly, *Soul Is Here,* pág. 160.
7. Rainer Maria Rilke, *Letters to a Young Poet,* trad., M. D. Herter, Nueva York, Norton, 1993, pág. 59 (*Cartas a un joven poeta*, Alianza Editorial, 2006).
8. Nikos Kazantzakis, *Zorba the Greek*, Nueva York, Simon & Schuster, 1952, págs. 120-121 (*Alexis Zorba el griego*, Alianza Editorial, 1995).
9. Utilicé esta historia en mi libro *The Courage to Teach*, San Francisco, Jossey-Bass, 1998, págs. 59-60, (*El coraje de enseñar*, ed. Sirio). Aquí la cuento de nuevo desde otro ángulo y con otro propósito.

Capítulo V

1. Stuart Brubridge, «Quakers in Norfolk and Norwich», *Quaker Faith and Practice*, sec. 24.56. Ver www.qnorvic.com/quaker/qfp/QF&P_24.html.
2. Joseph Heller, *Trampa 22*, Barcelona, RBA libros, 2010. Para una definición de *trampa 22*, ver www.angelfire.com/ca6/uselessfacts/words/002.html.
3. Para más información sobre retiros y recursos relacionados con los círculos de confianza, ver www.teacherformation.org y pulsar en el apartado para lectores de esta obra.

4. En el programa *El coraje de enseñar* del Centro para la Formación de Profesores se utilizan estas imágenes. Ver www.teacherformation.org.
5. Ver el capítulo IV, nota 2.
6. Thomas Merton, «The General Dance», en McDonnell, *Thomas Merton Reader*, págs. 500-505.
7. Para una meditación más personal y completa sobre las imágenes de las estaciones, ver el capítulo IV de mi libro *Deja que tu vida hable*.
8. Derek Walcott, «Love After Love», en *Collected Poems, 1948-1984*, Nueva York, Noonday Press, 1987, p. 328.

Capítulo VI

1. «Di toda la verdad, pero dila escondida», http://jmridao.blogspot.com.es/2011/04/tell-all-truth-but-tell-it-slant.html.
2. May Sarton, «Now I Become Myself», en *Collected Poems, 1930-1973*, Nueva York, Norton, 1974, p. 156 (ver http://emmagunst.blogspot.com.es/2015/02/may-sarton-ahora-me-convierto-en-mi.html).
3. Emily Dickinson, *loc. cit.*
4. T. S. Eliot, discurso tras recibir el Premio Nobel, 1948.
5. En este capítulo no me ocupo de algunas cuestiones importantes que el facilitador debe tener en cuenta al usar terceros elementos, porque el libro no está pensado como manual de facilitación. Valgan algunas notas breves sobre este tipo de cuestiones: conviene usar terceros elementos de diversas tradiciones de sabiduría para que nadie se sienta excluido. La primera vez que se use un tercer elemento, lo mejor es que sea de alguna tradición de la que no haya ningún seguidor en el círculo (por ejemplo, el taoísmo), para que nadie tenga que defender una posición; después, cuando se utilice alguna historia de una tradición de la que haya seguidores en el círculo (por ejemplo, del cristianismo o el judaísmo), podemos invitar a los participantes a que traten la historia con la misma actitud inquisitiva y abierta con que trataron la primera. Es conveniente usar poemas o historias que sean relativamente breves y claros, para que los presentes no pierdan el tiempo intentando comprender el texto y lo dediquen a comprenderse a sí mismos. Lo mejor es utilizar terceros elementos que a la vez te digan algo como persona y consideres que como facilitador puedes enseñar a los demás. En los programas que

se exponen en www.teacherformation.org se pueden encontrar ideas más elaboradas y otros detalles importantes sobre el liderazgo de círculos de confianza.

6. «The Woodcarver», en Thomas Merton, ed., *The Way of Chuang Tzu*, Nueva York, New Directions, 1965, págs. 110-111 (ver www.oshogulaab.com/TAOISMO/TEXTOS/CHUANGTSE4. html). La primera vez que escribí sobre «El tallador de madera» fue en el capítulo 4 de mi libro *The Active Life*, San Francisco, Jossey-Bass, 1991.

7. Robert Pirsig, *Zen and the Art of Motorcycle Maintenance*, Nueva York, Morrow, 1974, explica por qué incluí al mecánico en esta lista (*Zen y el arte del mantenimiento de la motocicleta*, Editorial Sexto Piso).

Capítulo VII

1. William Stafford, «A Ritual to Read to Each Other», en *The Way It Is: New and Selected Poems*, Saint Paul, Minn., Graywolf Press, 1998, pág. 75.

2. Nelle Morton, *The Journey Is Home*, Boston, Beacon Press, 1985, págs. 55-56.

3. Barry López, *Crossing Open Ground*, Nueva York, Scribner, 1988, pág. 69.

4. En mi libro *The Courage to Teach,* págs. 66-73 (*El coraje de enseñar*, editorial Sirio), analizo este sistema de «caso bueno-caso malo». Desde que lo escribí he descubierto que es más fácil trabajar con el «caso malo» si se sigue la regla básica de la «comisión de claridad» (hacer preguntas abiertas y sinceras sobre el caso) y se asume el espíritu que anida en esta regla, tal como se explica en el capítulo VIII de este libro. Ver también Richard Ackerman, *The Wounded Leader*, San Francisco, Jossey-Bass, 2002, págs. 145-147, sobre cómo utilizar lo que el autor denomina «historias de caso».

5. Martin Buber, *Tales of the Hasidim: Early Masters*, Nueva York, Schocken Books, 1974, págs. v-vi (*Cuentos jasídicos*, Ediciones Paidós Ibérica).

6. Por *pasión* no entiendo gritar ni agitar los brazos. Me refiero a la profunda sensibilidad del alma que puede estar entre la alegría y el sufrimiento, entre la pasión que sienten los amantes y «la pasión de Cristo», una interpretación que recupera la raíz semántica de la palabra. De esta misma raíz nace *paciencia*, una virtud necesaria para «la conversación eterna».

Capítulo VIII

1. Rilke, *Letters to a Young Poet*, pág. 35.
2. Formar comisiones de claridad en un círculo de confianza a veces requiere un poco de matemáticas. Un círculo de siete personas o menos puede actuar de «comisión del conjunto» para uno de sus miembros. Pero en los círculos mayores ha de haber suficientes personas foco voluntarias para que todos puedan estar en alguna comisión sin que ninguna sea demasiado grande ni pequeña; por ejemplo, en un círculo de diecisiete personas se necesitan tres voluntarios, y en uno de veinticuatro, cuatro voluntarios. Cuando las comisiones de claridad se forman dentro de un círculo más amplio, el facilitador es quien designa a los miembros de la comisión (en lugar de que los elija la persona foco, como ocurre cuando la comisión se forma al margen de ese círculo). Antes de designar a los miembros, el facilitador le pide a cada persona foco dos listas de nombres: aquellos que quisiera de forma especial que estuvieran en la comisión y aquellos que no querría que formaran parte de ella. El facilitador designa cuantas sean posibles de la primera lista y garantiza que no va a designar ninguna de la segunda.
3. Agradezco a Jack Petrash la autorización para utilizar sus palabras.
4. Agradezco a la desaparecida Virginia Shorey, una mujer valiente y motivadora, que me enviara estas palabras y me autorizara a usarlas. Y doy las gracias a su marido, Roscoe Shorey, por permitirme usar aquí el nombre de Virginia.

Capítulo IX

1. La primera vez que oí este proverbio fue a los cuáqueros, y siempre he pensado que nació de ellos. Pero al buscarlo en Internet veo que se atribuye a diversas fuentes, entre ellas, el budismo, un monje anónimo y Mark Twain, por lo que seguramente lo más sensato por mi parte habría sido no hablar de su origen.
2. Helen Thurber y Edward Weeks, eds., *Selected Letters of James Thurber*, Boston, Atlantic/Little, Brown, 1981.
3. David M. Bader, *Zen Judaism: For You, a Little Enlightenment*, Nueva York: Harmony Books, 2002, pág. 75.
4. Rachel Remen, *My Grandfather's Blessings*, Nueva York, Riverhead Books, 2000, págs. 104-105.

5. Boniface Verheyen, trad., *The Holy Rule of St. Benedict*, Atchison, Kans., Saint Benedict's Abbey, 1949, cap. 4, n°. 47 (*Regla de San Benito*, Biblioteca de Autores Cristianos, 2009).

6. «The Emperor's New Suit», en Lily Owens, comp., *Complete Hans Christian Andersen Fairy Tales*, Nueva York, Gramercy, 1993, pág. 438 (*El traje nuevo del emperador*, Editorial Everest, 2013).

7. Thomas Merton, *Raids on the Unspeakable*, Nueva York, New Directions, 1966, pág. 62 (*Incursiones en lo indecible*, Editorial Sal Terrae, 2004).

8. Mary Oliver, «Walking to Oak-Head Pond, and Thinking of the Ponds I Will Visit in the Next Days and Weeks», en *What Do We Know?*, Cambridge, Mass., Da Capo Press, 2002, pág. 54.

Capítulo X

1. Rumi, «Quatrain 158», en John Moyne y Coleman Barks, trads., *Open Secret: Versions of Rumi*, Santa Cruz, Calif., Threshold Books, 1984, pág. 36.

2. Deuteronomio 30,19.

3. La primera vez que oí la expresión *tercera vía* fue durante la Guerra de Vietnam, referida al esfuerzo budista de conciliar a los bandos enfrentados en aquel conflicto. Recientemente apareció en un artículo de Walter Wink titulado: «La resistencia no violenta: la tercera vía», que Wider Quaker Fellowship reeditó en el número de invierno de 2002 de *Yes! A Journal of Positive Futures*, con el título de «¿Puede al amor salvar el mundo?».

4. David S. Broder, «Promising Health Care Reform Passes Almost Unnoticed», *Washington Post,* 9 de abril de 2003.

5. William Sloane Coffin, «Despair Is Not an Option», *Nation,* 12 de enero de 2004.

6. E. F. Schumacher, *Small Is Beautiful: Economics as if People Mattered*, Nueva York, HarperCollins, 1973, págs. 97-98 (*Lo pequeño es hermoso*, Ediciones Akal, 2011).

7. Ver www.rootsweb.com/~quakers/petition.htm.

8. Oí este cuento hasídico al filósofo y escritor Jacob Needleman, que tuvo la gentileza de escribirlo para que yo lo pudiera reproducir correctamente.

9. Mary Oliver, «When Death Comes», en *New and Selected Poems*, Boston, Beacon Press, 1992, págs. 10-11 (traducción al castellano del poema en https://lausinamistica.wordpress.com/2014/11/15/casada-con-el-asombro/#more-853).

Sobre el autor

Parker J. Palmer es fundador y socio sénior del Center for Courage & Renewal, de ámbito nacional (www.CourageRenewal.org), que supervisa los programas «El coraje de enseñar», «El coraje de liderar» y «El círculo de confianza»®, dirigidos a profesionales de la educación, la sanidad, el sacerdocio, el derecho y la filantropía, así como a personas de otros ámbitos profesionales. Parker fue durante quince años asociado sénior de la American Association of Higher Education. Hoy es consejero sénior del Instituto Fetzer.

Escritor, profesor, viajero y activista, se ocupa principalmente de temas relativos a la educación, la comunidad, el liderazgo, la espiritualidad y el cambio social. Su obra ha llegado y llega a muchos sectores de la sociedad, entre ellos, centros de primaria y secundaria, universidades, instituciones religiosas, empresas, fundaciones y organizaciones de base.

Ha publicado una docena de poemas, unos doscientos ensayos y siete libros, entre ellos varios premiados y éxitos de ventas: *Deja que tu vida hable, El coraje de enseñar, The Active Life, To Know as We Are Known, The Company of Strangers* y *The Promise of Paradox*.

Su obra le ha hecho merecedor de diez doctorados *honoris causa*, dos Premios al Logro Distinguido de la National Educational Press Association, un Premio a la Excelencia de la Associated Church Press e importantes subvenciones de la Danforth Foundation, el Lilly Endowment y el Fetzer Institute.

En 1993 obtuvo el premio nacional del Council of Independent Colleges a las Aportaciones Excelentes a la Enseñanza Superior.

En 1998, el Proyecto Liderazgo, un estudio sobre diez mil administradores y profesores universitarios de todo Estados Unidos, lo incluyó entre los treinta «líderes sénior más influyentes» de la enseñanza superior y entre «las diez personalidades que marcaron las agendas fundamentales de la última década». Dijo de él: «Ha inspirado a una generación de profesores y reformadores con visiones evocadoras de la comunidad, el conocimiento y la plenitud espiritual».

En 2001, el Carleton College le concedió el Premio al Logro de Exalumnos Distinguidos.

En 2002, el Accreditation Council for Graduate Medical Education creó el Premio Parker J. Palmer al Coraje de Enseñar, que se concede todos los años a los directores de diez programas de residencias de salud que ejemplifiquen el ejercicio de la profesión centrada en el paciente en la enseñanza de la medicina.

En 2003, el American College Personnel Association lo nombró «Diamante de Honor» por su destacada aportación al campo de la educación.

En 2005, Jossey-Bass publicó *Living the Questions: Essays Inspired by the Work and Life of Parker J. Palmer*, obra de eminentes profesionales de diversos campos, entre ellos la medicina, el derecho, la filantropía, la política, el desarrollo económico y todos los niveles educativos.

Parker J. Palmer se doctoró en Sociología en la Universidad de California en Berkeley. Es miembro de la Religious Society of Friends (cuáqueros) y reside con su esposa, Sharon Palmer, en Madison (Wisconsin).

APLICACIÓN PRÁCTICA DEL LIBRO

Guía del lector y el líder de grupo
para el estudio de los temas de
Una plenitud oculta

Caryl Hurting Casbon
y
Sally Z. Hare

Las autoras y Parker J. Palmer agradecen a Lilly Endowment, Inc. su generosa ayuda para la elaboración de esta guía del líder y de los vídeos *Círculos de confianza*.

PRIMERA PARTE

LIDERAR DESDE DENTRO

Como facilitadoras de retiros de *Circles of Trust*® (Círculos de confianza) durante más de diez años, fue un placer que nuestro amigo y colega Parker Palmer nos invitara a elaborar una guía para quienes quieran dirigir un grupo de estudio de *Una plenitud oculta*, utilizando los principios y las prácticas descritos en él. Conocemos el poder de este proceso y nos alegra compartir contigo algo de lo que sabemos. Esperamos que esta guía te sirva para dar vida al contenido y el espíritu de este libro en un grupo de estudio dirigido por ti, lo cual, a su vez, puede ayudar a los participantes a llevar su experiencia a otros ámbitos de su vida.

Queremos dejar claras dos cosas. En primer lugar, el proceso que aquí se propone no es el típico «grupo de estudio de un libro». A medida que tu grupo analicé *Una plenitud oculta* y se familiarice con las ideas que contiene a través de un proceso configurado por estas mismas ideas, los participantes se irán estudiando ellos mismos. Este volumen habla de decidirse a «no vivir dividido nunca más». Por lo tanto, el viaje que vas a liderar no es una indagación académica para responder a la pregunta: «¿De qué va este libro y qué pienso al respecto?». Es una indagación personal alentada por la pregunta: «¿De qué voy *yo* y qué pienso al respecto?». La sensibilidad y la habilidad necesarias para dirigir a las personas en un viaje en busca del alma son distintas de las que se necesitan para dirigirlas en la interpretación de un texto.

Lo segundo que queremos dejar claro es igualmente importante. La lectura de esta guía y liderar un grupo de estudio siguiendo los principios del libro se sumará, esperamos, a lo que ya sepas y domines sobre el liderazgo. Pero *no* te va a preparar de forma pormenorizada para facilitar retiros basados en el sistema Círculo de Confianza® que utiliza el Center for Courage & Renewal (Centro para el coraje y la renovación), una entidad sin ánimo de lucro desarrollada en colaboración con Parker Palmer. El centro promete un «espacio seguro para el alma» a quienes participan en sus programas, por lo que se toma muy en serio la responsabilidad ética que conlleva el papel de facilitador, y selecciona y prepara con exquisito cuidado a las personas que van a facilitar lo que ofrece. La habilidad y la sensibilidad del facilitador es el principal medio de «control de calidad» del centro para su sistema de Círculo de Confianza®; solo los facilitadores preparados por el centro pueden utilizar la versión en mayúsculas y registrada de ese nombre (en el apartado «Un liderazgo cualificado», en la página 112, encontrarás más información sobre este punto).

Si te interesa la facilitación formal, puedes ponerte en contacto con el centro para informarte con mayor detalle sobre el programa de preparación del facilitador. En la web del Center for Courage & Renewal, www.CourageRenewal. org, encontrarás toda la información sobre la creciente comunidad de *Courage* y las muchas manifestaciones de su trabajo en todo Estados Unidos.

Quienes dirijan cualquier tipo de círculo de confianza deben comprender que la primera tarea del líder es realizar su propio trabajo interior e incorporar a su vida, antes de ofrecérselos a los demás, los principios y las prácticas que se explican en *Una plenitud oculta*. Con este espíritu, te invitamos a que evalúes *tu* preparación para dirigir este grupo de estudio del libro, reflexionando sobre las preguntas que te proponemos, tal vez debatiéndolas con un amigo de confianza. Pregúntate: «¿Estoy preparado para servir con presencia sosegada y un sólido sentido del yo en medio de las complejidades del grupo?».

Sobre el Círculo de Confianza®

En *Una plenitud oculta*, Parker Palmer usa la expresión genérica *círculo de confianza* para referirse a toda una diversidad de actividades, desde una reunión de dos o tres personas hasta un grupo de estudio de un libro, un grupo de apoyo o un retiro formal. El nombre registrado Circles of Trust® se utiliza para designar el enfoque que emplean facilitadores que el Center for Courage & Renewal ha seleccionado y preparado para dirigir sus programas.

Las personas intuyen perfectamente si el líder tiene capacidad para trabajar con personalidades difíciles, situaciones conflictivas, luchas por el poder y diferencias de todo tipo. Ante tales exigencias, el líder ha de saber «mantenerse al margen» del proceso lo suficiente para dirigir al grupo con calma, no dejar que intervenga su propio ego y ocuparse de las cambiantes necesidades grupales. Lo cual, sin embargo, no deja de ser paradójico. «Mantenerse al margen» no implica que el líder deba implicarse menos, ya que corre el riesgo de que los participantes piensen que intenta distanciarse del proceso y les pide que asuman riesgos de vulnerabilidad que él no está dispuesto a correr.

Sobre el Center for Courage & Renewal

El Center for Courage & Renewal tiene su sede en Bainbridge Island (Washington). Ha preparado a más de ciento setenta y cinco facilitadores en treinta estados y cincuenta ciudades en Estados Unidos y a varios en Canadá y Australia, ha colaborado en programas asociados en Dallas-Fort Worth, Boston y el estado de Washington, y desde 1997 organiza retiros en los que han participado más de veinticinco mil personas. En la web del centro (http://www.CourageRenewal.org) encontrarás información para ponerte en contacto con nuestros facilitadores y explicaciones sobre las ofertas actuales y podrás suscribirte a nuestro boletín electrónico y descargarte artículos y *podcasts*. Agradecemos tu interés y te invitamos a conocer mejor nuestro trabajo y nuestra comunidad.

Pero el líder, aunque lleve su propia vida al círculo, ha de tener la prudencia y la profesionalidad de no «respirar todo el oxígeno de la habitación». En particular, este tipo de liderazgo requiere que nos ocupemos de nuestras propias heridas fuera del grupo, porque, como hemos descubierto, el dolor que no se transforma es un dolor que se transmite. No podemos dirigir bien si utilizamos el círculo de confianza para ocuparnos de nuestras sombras o, peor aún, si inconscientemente las proyectamos a los participantes. El principio fundamental que han de tener en cuenta los facilitadores es muy simple: «Necesitamos este trabajo tanto como las personas a las que servimos. Pero si, para dirigir bien, lo necesitamos en exceso, no serviremos a esas personas». Por lo tanto, pregúntate: «¿Tengo lo que se necesita para realizar mi propio trabajo interior fuera de este proceso, de modo que pueda a la vez participar en él y dirigirlo bien?».

En el núcleo de todo lo que hacemos como facilitadores está nuestra convicción de que «enseñamos lo que somos». Quienes dirigimos este tipo de círculos sabemos que solo son seguros en manos de personas que estén cimentadas en su propia integridad, en contacto con su alma y guiadas por ella. Como líder de grupo, tu integridad y tu identidad son las cualidades más importantes que has de ofrecer. Todo empieza en la encarnación; tu presencia y tu claridad sobre el terreno en el que te encuentras determinan lo que es posible en un círculo de confianza.

La decisión sobre las prácticas para encontrar esta base es, evidentemente, personal. Sin embargo, la distensión, la soledad y el silencio, algún tipo de reflexión que pueda llevarse a cabo mediante un diario o pasar ratos en la naturaleza, son ejemplos de prácticas que ayudan a tender esa cuerda que nos lleva a casa. Pregúntate: «¿Qué prácticas son las que más me ayudan en mi propio trabajo interior, y cómo puedo mantenerme fiel a ellas?».

Por último, quienes lideramos hemos aprendido que es fundamental contar con colegas y amigos de confianza que nos puedan cuestionar y ayudarnos a crear estos círculos para otros: conviene no «ir por libre». Te recomendamos que, para crear y liderar este grupo de estudio del libro, te acompañes de otra persona. La finalidad de los círculos de confianza es crear comunidad; por esto, la mejor forma de organizarlos y planificarlos es en comunidad con otras personas que compartan ese compromiso, digan la verdad, compartan la retroalimentación y nos mantengan en el camino mediante el discernimiento mutuo. Además, así es más ameno. Te pedimos, pues, que te hagas una pregunta más: «¿Con quién me gustaría trabajar en la creación de este grupo de trabajo?».

Cuando estés preparado para seguir, la segunda parte de esta guía ofrece, por capítulos, sugerencias para la reflexión y el debate en grupo. En la tercera parte, encontrarás historias de participantes que han vivido el proceso del círculo de confianza y «se lo han llevado a casa» de diversas formas, interiorizando sus principios y prácticas e incorporándolos a su vida familiar, su trabajo y sus comunidades.

Te damos las gracias por compartir nuestro compromiso con las normas y los objetivos de este trabajo. Y te deseamos un viaje dichoso, significativo y fructífero como líder de tu grupo de estudio del libro.

SEGUNDA PARTE

GUÍA POR LOS CAPÍTULOS DE
UNA PLENITUD OCULTA

Una plenitud oculta trata del viaje hacia una vida no dividida propiciado por un círculo de confianza, una «comunidad de soledades» donde las personas se unen de forma que todos los participantes tengan oportunidad de atender a su respectivo maestro interior y puedan aprender unos de otros. Lo que sigue son recomendaciones por capítulos para el diseño y la dirección de un grupo de estudio del libro al modo del círculo de confianza. Nuestras recomendaciones se basan en el supuesto de que un grupo de este tipo se pueda reunir una o dos horas semanales durante diez o doce semanas; puedes adaptar nuestros consejos a tu grupo particular y tu estilo de liderazgo.

Es fundamental que todos los que participen en tu grupo entiendan claramente qué se va a hacer en él y, contando con ello, decidan si siguen o no. Este no es un grupo típico de estudio de un libro. Aquí, siguiendo el espíritu del libro que se va a estudiar, se invita a las personas a hacer un «trabajo del alma», un trabajo que dificultarán o socavarán los participantes que no entiendan la finalidad de lo que han emprendido.

Por lo tanto, cuando invites a los posibles participantes, explícales claramente las diferencias de este grupo con otros de estudio de alguna obra que hayan conocido. Como decíamos antes, la diferencia fundamental es que los miembros de este grupo, además del libro, se estudiarán también a sí mismos, algo que deben saber antes de empezar. De no ser así, los problemas serán inevitables.

Antes de pasar a estudiar el libro capítulo a capítulo, veamos en qué se diferencia un grupo de círculo de confianza del grupo tradicional de estudio de un libro, incluido el papel del líder:

- **En este grupo, el líder no enseña el libro como pudiera hacerlo el líder de un grupo tradicional de estudio de un libro.** La función del líder es crear un espacio seguro donde los participantes puedan ir y venir entre las ideas y la experiencia, analizando los temas del libro de forma que se convierta en un análisis de su propia vida. No vas a «abarcar» el material de cada capítulo, sino a establecer las condiciones en las que los participantes utilicen *Una plenitud oculta* para escucharse a sí mismos, su propia sabiduría interior, mediante el uso de terceros elementos adecuados, una detallada estructura y preguntas sinceras y abiertas. Aquí no se trata de preguntar «¿qué creéis que quiere decir el autor?» sobre esto o aquello. (Puedes leer de nuevo las páginas 136 y siguientes, en las que Palmer explica su respuesta a un participante especialista en la poesía de May Sarton).

- **En este grupo, el líder también es participante.** Esto significa que no se mantiene al margen del proceso como su «director», sino que se implica en la autobúsqueda con el resto del grupo. Pero, al mismo tiempo, ha de ser siempre consciente de la responsabilidad del líder y estar dispuesto a cumplirla. El grupo tiene que percibir la seguridad que da saber que el líder atiende cuidadosamente a los participantes y sus comentarios (lo cual incluye no permitir que dominen una o dos personas), además del programa, el horario, los límites y los objetivos del análisis. El grupo no debe tener prisa, sino ser generoso con el tiempo, para sentir que el proceso es espacioso y no está saturado de una interminable lista de tareas que hay que hacer (ver el apartado «Un ambiente agradable», en la página 123).

- En este círculo, el «tercer elemento» es el material de *Una plenitud oculta*. En un círculo de confianza, la intencionalidad se consigue concentrándose en un tema importante, y, como dice Palmer, la tímida alma responde mejor a un enfoque indirecto mediante el uso de un *tercer elemento* (ver el apartado «En el camino está la virtud», en la página 133). En esta guía, proponemos formas de utilizar ideas, poemas e historias del libro como terceros elementos para tus sesiones.

- En este círculo, la conversación no gira en torno a preguntas de sí o no. En el grupo tradicional de estudio de un libro, las preguntas suelen ser del tipo: «¿Estás de acuerdo con lo que dice el autor sobre *X*?». Aquí empleamos preguntas sinceras y abiertas de las que nadie tiene la respuesta «correcta» y nos servimos del discurso expresivo, más que del instrumental (ver el apartado «Hablarnos a nosotros mismos», en la página 164). Más que determinar si están de acuerdo o no con el libro o unos con otros, se invita a los miembros del grupo a dejar que las preguntas y los materiales evoquen su propia experiencia, su propia vida. En las páginas siguientes sugerimos preguntas que pueden ayudar a crear y mantener este tipo de espacio de auto-aprendizaje.

- **No es necesario que el grupo avance por el libro en orden secuencial.** Puedes releer determinados capítulos o dedicarles más tiempo para que tu grupo profundice más en las ideas que en ellos se exponen. Puedes decidir introducir las partes del libro de forma no secuencial; por ejemplo, en las primeras reuniones, puedes presentar algunas ideas del capítulo V, donde se explican el papel del líder y el tipo de espacio necesario para un círculo de confianza, para que los participantes te puedan entender y ayudarte a crear y mantener el círculo.

- **La interpretación que el líder haga de los principios y las prácticas del círculo de confianza es un factor decisivo para su creación.** Por lo tanto, además de leer el libro con detenimiento para asimilarlo, dedica tiempo a ver los videos que te ofrecemos en nuestra página web http://editorialsirio.com/plenitud-oculta-una/videos (ver el cuadro siguiente). En las páginas que siguen, recomendamos apartados concretos de los mismos que puedes incorporar a casi todas las reuniones para avivar y profundizar la atención del grupo, por lo que, al ir avanzando en esta guía, te será de ayuda que estés familiarizado con todo el contenido de los videos.

- **En este grupo de análisis, como en la vida, lideramos como lo que somos.** Esperamos que las sugerencias que siguen no solo te ayuden a liderar el grupo, sino que también evoquen tus propias ideas para el grupo. Existen algunas pautas claras e importantes para liderar este proceso de forma que proteja la integridad del círculo y a todas las personas que lo componen, pero, dentro de estos límites, debes adaptarlas de la forma que mejor te sirva y convenga. Tu autoridad como líder, fundamental para crear un espacio seguro, te la da en parte que el grupo perciba que lo que haces forma parte de tu manera de ser.

Videos de *Los Círculos de Confianza:* la obra de Parker Palmer

En esta edición de *Una plenitud oculta* te remitimos a nuestra página web http://editorialsirio.com/plenitud-oculta-una/videos donde encontrarás una serie de videos en los que se entrevista a Palmer sobre muchos de los temas del libro. Es un complemento de sumo valor para este trabajo de análisis y muy útil para presentar este trabajo a otras personas.

Una recomendación más antes de empezar: en lo que se refiere a la creación de un círculo de confianza, «menos es más». Con este espíritu, proponemos el siguiente esquema de cuatro pasos para cada sesión de tu grupo de análisis del libro, unos pasos que concretaremos en las siguientes propuestas sobre cada uno de los capítulos:

• **Bienvenida, lectura inicial y breve reflexión en silencio.** La bienvenida es importante para fijar el tono de hospitalidad. Una lectura breve o unos momentos visualizando los videos, seguido de un minuto o dos de silencio, facilitará que los participantes entren en el espacio. El silencio es un bien escaso en nuestra cultura, y mucha gente se siente incómoda en él, pero es un elemento importante para la autorreflexión y fundamental en los círculos de confianza.

- **Lectura de las piedras de toque.** Dentro de un momento daremos una serie de «piedras de toque» que te ayudarán a definir unos límites claros para el círculo, el tipo de límites que ayudan a crear un espacio seguro para el alma.

- **Compartir de forma abierta y voluntaria.** Una parte importante de cada sesión es «estar juntos solos», teniendo oportunidad de escuchar y ser escuchado, y de oírte expresar tus pensamientos al círculo de confianza.

- **Cerrar el círculo.** Terminamos los círculos con un «broche de oro»: los participantes guardan silencio y a continuación hablan brevemente sobre las nuevas percepciones que han tenido en el tiempo que han estado juntos, o de lo que sienten al llegar al final. En este tiempo se puede leer algún fragmento corto del libro o dedicar un breve espacio de tiempo para visualizar alguno de los videos.

Sesión de apertura. Preludio: la ventisca del mundo (pág. 17)

Bienvenida y reflexión

La sesión inicial es especialmente importante para establecer la cultura y el tono del grupo. Las prácticas que crean el círculo de confianza y lo hacen seguro para el alma son a menudo contraculturales, por lo que habrás de pedir a los participantes que dejen de lado su forma habitual de comportarse en su relación mutua.

Cuando le des la bienvenida al grupo, te sugerimos que seas transparente (como lo fuiste al cursarles la invitación para participar en el grupo de análisis de esta obra) sobre lo que distingue a este grupo de los grupos tradicionales de análisis de un libro. Antes de que os reunáis, pídeles a quienes vayan a ir que lleven un diario de cada sesión. Luego insiste en que los usen sobre todo para reflexionar sobre su propio diario interior, más que para centrarse en lo que tú u otros participantes digáis. (Antes de empezar la reflexión, puedes leer el apartado de notas sobre lo que uno mismo dice, en la página 135).

Lee el Preludio en voz alta (ver página 17), señalando si quieres el carácter profético de este fragmento dados los retos económicos, medioambientales y de liderazgo a los que hoy se enfrentan las comunidades internacionales. Después invita a los participantes a dedicar los diez minutos siguientes a reflexionar *en silencio* sobre la idea de la cuerda que nos ayuda a encontrar el camino a casa en medio de la ventisca de la vida. Estas son algunas de las preguntas sinceras y abiertas para el diario y la reflexión:

- ¿Has vivido alguna ventisca de verdad? ¿Cómo es?
- ¿Qué ventiscas, en sentido metafórico, has conocido en tu vida?
- ¿Qué entiendes por «casa»?
- ¿Qué o quién es la cuerda que te ayuda a encontrar tu «casa?

Lectura de las piedras de toque: establecer las normas básicas del debate

El capítulo V de *Una plenitud oculta* subraya la necesidad de trazar unos límites claros en el círculo de confianza (puedes leer el apartado «Unos límites claros», en la página 108). La que sigue es una versión de las piedras de toque que quienes pertenecemos a la comunidad de Courage utilizamos en nuestros círculos. Te recomendamos que facilites a todos los del grupo una copia, y que la leas en voz alta en todas las sesiones.

Piedras de toque del círculo de confianza

- *Da y recibe la bienvenida*. Aprendemos mejor en espacios acogedores. En este círculo, contribuimos al aprendizaje mutuo ofreciendo y recibiendo hospitalidad.
- *Participa lo más plenamente posible*. Has de estar presente con tus dudas, tus miedos y tus fracasos, tus convicciones, tus alegrías y tus éxitos, escuchando y hablando.
- *Lo que se ofrece en el círculo es por invitación, no por demanda*. Aquí no se trata de «compartir o morir». Durante este retiro, haz lo que tu alma te pida, y sé consciente de que lo haces con nuestro apoyo. Tu alma conoce tus necesidades mejor que nosotros.
- *Di tu verdad de forma que respete la de los demás*. Es posible que cada uno veamos la realidad de forma distinta, pero decir la verdad propia en un círculo de confianza no significa interpretar, corregir ni discutir lo que otros expresen. Habla desde tu centro al centro del círculo, en primera persona, confiando en que los demás avienten y separen el trigo de la paja.

- *No arreglar, no salvar, no aconsejar ni corregirse unos a otros.* Es una de las pautas más difíciles de seguir para quienes trabajamos en «profesiones de ayuda». Pero es una de las reglas de mayor importancia si queremos crear un espacio que acoja el alma, al maestro interior.

- *Aprende a responder a los demás con preguntas sinceras y abiertas, no con consejos ni correcciones.* Con estas preguntas contribuimos a «escucharnos para hablar» de forma más significativa.

- *Cuando las cosas se pongan difíciles, pásate al «me pregunto...».* Si te sientes crítico o a la defensiva, plantéate: «Me pregunto qué pudo llevarle a pensar una cosa así», «¿Qué siente ahora mismo?» o «¿Qué desvela de mí mismo mi forma de reaccionar?». Abstente de enjuiciar y escúchate, y escucha a los demás, con mayor atención.

- *Atiende a tu propio maestro interior.* Aprendemos de los demás, sin duda. Pero cuando en el círculo de confianza analizamos poemas, historias y preguntas y guardamos silencio, tenemos una especial oportunidad de aprender desde dentro. De modo que presta atención a tus propias respuestas y reacciones, a tu maestro más importante.

- *Confía en el silencio y aprende de él.* El silencio es un regalo en nuestro ruidoso mundo y, en sí mismo, una forma de saber. Trátalo como a un miembro más del grupo. Cuando alguien termine de hablar, tómate tiempo para reflexionar, sin llenar enseguida el espacio con palabras.

- *Respeta la estricta confidencialidad.* La confianza nace de saber que los miembros del grupo respetan las confidencias y se toman en serio el principio ético de la privacidad y la discreción.

• *Sé consciente de que puedes salir del círculo habiendo conseguido cualquier cosa que necesitaras cuando llegaste.* Has de saber que lo que aquí has sembrado germinará y no dejará de crecer en el futuro.

Compartir con el grupo

Es posible que los miembros del grupo ya se conozcan, pero esta sesión ofrece la oportunidad de mostrar una forma contracultural de presentarse, un modelo que no trata de qué hacemos ni dónde trabajamos, nuestros yos y roles externos, sino del yo interior y el alma. También brinda la oportunidad de demostrar que todo lo que ocurra en este círculo es una invitación, es decir, no se trata de «compartir o morir» (ver el apartado «Sentirse invitado», en la página 115). Invita a los miembros del grupo a que hablen de su percepción sobre la cuerda o la ventisca. Cada uno lo hace cuando esté preparado; nunca vamos a marchas forzadas alrededor del círculo, presionando a la gente a que diga algo; dejamos que entren cuando quieran y si quieren hacerlo.

Cerrar el círculo

En los videos que puedes encontrar en nuestra página web http://editorialsirio.com/plenitud-oculta-una/videos se puede escuchar a Parker Palmer hablar de muchas de las ideas de *Una plenitud oculta*. Después de invitar a todos a que le cuenten al círculo qué ha significado este en el ámbito personal, sugerimos terminar la sesión con el video 1: «La primacía del alma» (4:22 minutos).

Capítulo I. Imágenes de integridad: no vivir divididos nunca más (pág. 19)

Bienvenida y reflexión

Empieza la sesión con la cita de Douglas Wood sobre los pinos de Banks. A continuación invita a los participantes a dedicar los siguientes diez minutos a reflexionar o escribir en el diario en silencio sobre estas preguntas:

- ¿En qué parte de tu vida y tu trabajo te sientes más pleno? ¿En qué faceta de tu vida sientes que eres «quien realmente eres»?
- ¿Dónde te sientes más dividido, tan alejado de la verdad que habita en ti que no puedes vivir con la «integridad que nace de ser lo que eres»?

Piedras de toque

Te sugerimos que de un modo u otro utilices las piedras de toque en todas las sesiones, dejando claro que quieres establecer los límites que crean un espacio seguro para que el alma se muestre. Puedes variar la forma de hacerlo en cada sesión: leerlas todas o invitar a los participantes a leerlas en voz alta, insistir en algunas determinadas o invitar a varios miembros del grupo a compartir alguna que consideren especialmente importante.

Compartir con el grupo

Pídeles a los participantes que formen parejas y dales diez minutos para que hablen de las ideas que les hayan surgido mientras escribían en el diario, recordándoles que no se trata de «compartir o morir»: nadie está obligado a compartir nada a menos que decida hacerlo. No ha de ser la típica conversación de tipo *ping-pong*; cada miembro de la pareja tiene cinco minutos para hablar sin interrupción, mientras el otro escucha con atención. Transcurridos los diez minutos, se vuelve a reunir todo el grupo para escuchar a quienes quieran compartir y se les recuerda que hablen solo por sí mismos y no citen a su pareja.

Cerrar el círculo

Después de compartir los comentarios, con el video 5, «Las condiciones en que se asienta el círculo de confianza» (5:59 minutos), el grupo podrá considerar las condiciones necesarias para un círculo de confianza. De este modo, los participantes conocerán el tipo de entorno que ya empiezan a experimentar. Más adelante (en el capítulo V) hablaréis con mayor detalle de estas condiciones, pero te sugerimos que utilices este apartado para ofrecerle al grupo un sentido más claro del proceso.

Otras posibilidades para este capítulo

Hemos incluido unas pocas posibilidades adicionales para cada capítulo, por si quieres hacer algo diferente del esquema que te hemos propuesto, alargar más las sesiones u ofrecer más de las diez sesiones que señalamos en esta guía. Estas son dos posibilidades para el capítulo I:

1. ¿Qué significan para ti las palabras de John Middleton Murry: «Es mejor ser íntegro que ser bueno»? (ver pág. 27). Cuenta alguna historia, tuya o de alguien que conozcas, que ejemplifique esta idea.

2. Lee de nuevo las palabras de la página 27: «Pero más hermoso aún [que el pino de Banks] es ver a un hombre o una mujer erguidos y con su integridad intacta. Oímos los nombres de Rosa Parks o Nelson Mandela –u otros que solo conocemos dentro de nuestro corazón agradecido– y entrevemos la belleza que se muestra cuando la persona se niega a vivir una vida escindida». ¿Quién te viene a la mente cuando las lees? ¿En qué cualidades piensas al oír hablar de estas personas? ¿Qué te ha evocado el hecho de conocerlas? ¿Qué aportan al mundo esas cualidades?

Capítulo II. Sellar la gran división: aunar alma y rol (pág. 31)

Bienvenida y reflexión

Comienza la sesión con el video 2, «La gran división» (4:51 minutos). A continuación, remite a los participantes a la página 47 de este libro e invítales a que te escuchen (o escuchen a otro miembro del grupo) mientras lees en voz alta las palabras sobre el maestro interior y la paradoja de que sea tan difícil realizar en solitario el viaje hacia esa verdad interior (empieza por el último párrafo de las página 45 y termina con los tres puntos señalados de la página 48). Deja que los participantes reflexionen sobre estas palabras cinco minutos, en silencio.

Hay en este capítulo varios pasajes que pueden servir de magníficos terceros elementos para evocar recuerdos de la infancia y prestar atención a las dotes propias, a la vocación propia. Puedes leer en voz alta un párrafo o dos de la página 33 sobre la temprana aparición del instinto de protegernos con una vida dividida, sobre cómo nos enfrentamos a la dolorosa brecha entre el alma y el rol que interpretamos. A continuación, invita a los participantes a dedicar diez minutos a reflexionar en silencio sobre cómo jugaban en su infancia y anotarlo en el diario. Utiliza estas preguntas para enmarcar la reflexión:

- Recuerda dónde solías jugar con más frecuencia. ¿Era en la naturaleza, en tu habitación, en el patio de casa? ¿Tenías preferencia por algún tipo de juego, unos determinados amigos (reales o imaginarios), juguetes, cuentos? ¿Tenías una vida secreta de juego e imaginación? ¿Qué dotes o intereses pueden reflejar esos juegos de tu infancia?
- ¿Cómo juegas, o actúas, ahora? ¿Es posible que nunca hayas pensado en que esos juegos e intereses pueden seguir vivos en tu madurez? Sea así o no, ¿qué sientes al comparar tu vida de juego e imaginación de adulto con la de tu infancia?

Piedras de toque
Lee las piedras de toque del círculo de confianza (página 278).

Compartir con el grupo
Invita a los participantes a que hablen al círculo de algún recuerdo o alguna idea que hayan anotado —recuérdales que es una invitación, no una imposición—. Proponles que

presten atención a cualquier indicio de dotes e inclinaciones vitales que pueda haber ocultas en estos primeros recuerdos y experiencias. Invítalos a que dediquen unos minutos a escribir en el diario sobre si algo o alguien los han alejado o privado de los dones que recibieron al nacer.

Cerrar el círculo

Cuando todos los voluntarios hayan expuesto sus ideas y reflexiones al círculo, termina la sesión proponiendo que diferentes personas lean la historia de aquel hombre que en un retiro tenía problemas con el racismo, desde el párrafo que empieza por «La que sigue es una historia...», en la página 50, hasta el que empieza por «Si queremos renovar...», en la página 51. Es una lectura que cierra la sesión y sirve también de introducción de las dos siguientes.

Otras posibilidades para este capítulo

1. La historia del hombre que se percata de que rinde cuentas «a la tierra» (pág. 39) es otro tercer elemento que puede ayudar a los participantes a recordar sus propias historias. Lee esa historia en voz alta, y después propón a los participantes que dediquen diez o quince minutos a escribir en el diario sobre el siguiente tema:

   Piensa en alguna ocasión en que un conocido adoptara una actitud como la del antiguo agricultor, un momento en que decidiera no vivir dividido nunca más y viera con claridad que rendía cuentas «a la tierra». Pudo ser un hijo tuyo, algún compañero del trabajo o tu pareja. O tal vez tu propia historia de una vez en que aunaste alma y rol. Escribe esta historia en el diario.

A continuación, invita a quien lo desee a compartir con el grupo sus historias o reflexiones.

2. En la página 38 leíamos que nos oponemos a la plenitud cuando caemos en patrones de evasión muy habituales: la negación, las dudas, el miedo, la cobardía y la avaricia. Después de leer este fragmento en voz alta, invita a los participantes a que reflexionen y escriban sobre esta pregunta: «¿Has observado que tú mismo, un amigo, tu pareja, tu hijo, algún colega o alguien de tu entorno llevéis una vida dividida?». Sin nombrar a la persona, describe lo que observaste, cómo se manifestaba la propia división en los actos, las palabras, la conducta o los sentimientos de esa persona (o los tuyos).

Capítulo III. En busca del verdadero yo: las indicaciones del alma (pág. 53)

Bienvenida y reflexión

Lee el pasaje sobre el «ADN espiritual» (pág. 55). Después invita a los participantes a que recuerden y detallen por escrito las dotes y cualidades que les han acompañado desde la infancia: su propio ADN espiritual. Es posible que en la última sesión, al reflexionar sobre los juegos de la infancia, emergieran algunas de esas dotes. Señala que también podemos obtener nuestras percepciones al recordar lo que otros que nos conocen nos han dicho de nuestra vida, cosas como: «Eres muy intuitivo», «Escuchas con mucha atención a los demás» o «Confío en tu creatividad». Dedica un rato a escribir sobre estas preguntas:

- ¿Cómo describirías y justificarías tus dones de nacimiento, tus dotes, tu ADN espiritual?
- ¿Qué dotes tuyas has visto reflejadas en el espejo que otros te muestran?

Piedras de toque

Lee las piedras de toque del círculo de confianza (página 278).

Compartir con el grupo

Invita a los participantes a compartir sus percepciones sobre los dones que hayan definido en sus reflexiones. Para seguir explorando el terreno del «verdadero yo» o alma, lee en voz alta a partir del párrafo que empieza por «Es el núcleo...», en la página 56, y termina en el cuarto punto de las funciones del alma, en la página 57. Estas son algunas preguntas para dirigir el trabajo del diario y la reflexión:

- ¿Cómo alimentas a tu verdadero yo? ¿Qué condiciones favorecen el bienestar de tu alma? ¿Qué ansía y necesita tu alma para prosperar y orientar tu vida?
- ¿Qué condiciones impiden que se oigan las voces y aspiraciones de tu alma? ¿Cómo participas, en este silencio de tu alma, en tu propia autoestima? ¿Recuerdas algún momento particular en que provocaras ese silencio?

Cerrar el círculo

Una vez que se hayan expuesto las diferentes percepciones, visualiza el video 3, «El viaje de una vida indivisa» (7:04 minutos), donde encontrarás la descripción de la cinta de Moebius, que también se explica en este capítulo del libro.

Otras posibilidades para este capítulo

1. Para comprender mejor la cinta de Moebius (pág. 71), propón a los participantes que hagan su propia cinta, siguiendo los cuatro pasos, dándoles tiempo suficiente para que reflexionen sobre cada una de las fases de «la vida en la cinta de Moebius».

   - ¿De qué forma cocreo algo vivificante cuando mi vida exterior y mi vida interior se funden, y en qué condiciones es más probable que esto ocurra?

   - ¿De qué forma cocreo conscientemente algo *letal* cuando mi vida exterior y mi vida interior se funden, y en qué condiciones es más probable que esto ocurra?

   - ¿Cuáles son los lugares o las situaciones de mi vida donde intento ocultarme detrás de un muro, en lugar de vivir de forma conscientemente cocreativa sobre la cinta de Moebius?

2. Empieza leyendo en voz alta la idea que Mary Oliver tiene del alma (pág. 58). Utiliza una cinta de papel para mostrar las cuatro fases de la cinta de Moebius (o pon de nuevo el video donde se explica). Después dale a cada participante una cinta de papel y celo:

- Lee en voz alta los primeros párrafos de la página 55 y pídeles que, en una de las caras de la cinta, escriban tres o cuatro dones suyos de nacimiento.
- Después, diles que, en la otra cara, escriban unas palabras o frases que describan su trabajo en el mundo.
- A continuación, invítalos a que formen una cinta de Moebius con el papel y observen cómo las dos caras se unen y cocrean, sin costura alguna.

3. Diles que escriban acerca de algún momento en que supieran que sus vidas interior y exterior estaban fundidas en la cinta de Moebius y también alguna ocasión en que estuvieran separadas y sintieran que vivían una vida dividida.

Capítulo IV. Estar solos juntos: una comunidad de soledades (pág. 79)

Bienvenida y reflexión

Este capítulo trata de la paradoja de estar solo en comunidad y expone la necesidad que tenemos tanto de cualidades vivificantes como de comunidades que alienten la voz del alma. Pídeles a los participantes que dediquen entre diez y quince minutos a escribir en el diario las respuestas a las siguientes preguntas:

- ¿Has estado alguna vez en una comunidad, un grupo o una relación que te «invadiera o amenazara el alma» o la empujara a esconderse? ¿Qué puedes decir sobre esa experiencia que violó tu vida interior?

- ¿Has estado en una comunidad, un grupo o una relación que fueran hospitalarias con tu alma? ¿Qué fue lo positivo de esa experiencia, aquello que permitió que tu alma emergiera?

Piedras de toque

Lee las piedras de toque del círculo de confianza (página 278).

Compartir en el grupo

Antes de invitar a los participantes a que formen grupos de tres para compartir las reflexiones que han anotado en sus diarios, da un par de pautas para esta actividad: cada persona habla unos cinco minutos, y las otras dos escuchan con respeto, sin comentarios ni preguntas, sin asentir ni negar, sin ninguna conversación al estilo *ping-pong*. Después de que hayan hablado, es conveniente que las tres personas del grupo reflexionen juntas sobre si en sus historias había elementos comunes que invitaran al alma, u otros que la asustaran. Después, se reúne de nuevo todo el grupo para compartir ideas u observaciones.

Cerrar el círculo

Propón a los presentes que lean en voz alta una frase de este capítulo que les llegara de forma especial y, si lo desean, expongan por qué esas palabras les impresionaron. Por último, invítalos a que aporten ideas o comentarios sobre lo que podrían obtener de esta sesión.

Otras posibilidades para este capítulo

Si quieres profundizar con el grupo, puedes utilizar estos poemas como terceros elementos:

1. «Making contact»* de Virginia Satir, en *Teaching with Fire* (pág. 123 del original inglés). Lee el poema en voz alta. Luego utiliza estas preguntas de guía para anotar en el diario o propón tus propias preguntas:
   - ¿Qué te dice el poema?
   - ¿Qué sabes de sentirte visto o escuchado por otra persona, o de ver o escuchar a otra persona?
2. «The Way It Is»** de William Stafford, en *Leading from Within* (pág. 11 del original inglés). Después de leer el poema en voz alta, propón una reflexión basada en preguntas como estas:
   - ¿Cómo definirías el hilo que sigues, el que te señala el camino en la cinta de Moebius?
   - ¿Qué o quién te ayuda a seguir el hilo y no soltarlo nunca?

---

* El mejor regalo / que concibo / que alguien me puede hacer / es que me vea/ me oiga / me comprenda / y me conmueva. / El mayor regalo / que yo pueda hacer / es ver / oír /comprender y conmover / a otra persona. / Cuando así ocurre, / siento / que se ha establecido el contacto.

** Sigues un hilo. / Pasa por cosas que cambian, / pero el hilo no cambia. / La gente se pregunta qué persigues. / Has de explicar qué es ese hilo / pero a los demás les cuesta entenderlo. / Mientras lo sostengas no podrás perderte. / Ocurren tragedias, / la gente padece / o muere / y tú sufres y envejeces. / Nada de lo que hagas puede impedir que el tiempo avance. / Nunca sueltes el hilo.

Lecturas recomendadas

Teaching with Fire: Poetry That Sustains the Courage to Teach, comp. Sam M. Intrator y Megan Scribner (2003). Exquisita recopilación de ochenta y ocho poemas de autores tan queridos como Walt Whitman, Langston Hughes, Mary Oliver, Billy Collins, Emily Dickinson y Pablo Neruda. Cada uno de estos evocadores poemas va acompañado de una breve historia de algún profesor que explica la importancia del poema en su actividad profesional.

Leading from Within: Poetry That Sustains the Courage to Lead, comp. Sam M. Intrator y Megan Scribner (2007). Otra magnífica recopilación de noventa y tres poemas escogidos por líderes de diferentes profesiones, acompañados de breves comentarios sobre el significado personal y profesional de cada uno de ellos.

Capítulo V. Prepara el viaje: crear círculos de confianza (pág. 105)

Bienvenida y reflexión

Este capítulo analiza los cinco elementos fundamentales del círculo de confianza: límites claros, liderazgo cualificado, invitación abierta, base común y ambiente agradable. Para empezar esta sesión, ve el video 4, «Círculos de confianza» (4:53 minutos), que habla de los diferentes elementos que intervienen en la creación de estos círculos.

Propón que se reflexione sobre *tu* grupo de lectura y pídeles a los participantes que piensen qué principios y prácticas del círculo de confianza han sido más importantes para ellos en las sesiones celebradas hasta este momento. Diles que dediquen unos diez minutos a escribir sobre estas preguntas:

- ¿Cuáles son para ti los elementos fundamentales del círculo de confianza?
- ¿Cuáles crees que han sido las prácticas importantes para el éxito de este círculo de confianza, aquellas en las que el alma se ha sentido acogida?

Piedras de toque

Lee las piedras de toque del círculo de confianza (página 278).

Compartir con el grupo

Invita a los miembros del grupo a que reflexionen en voz alta sobre la experiencia de estas prácticas hasta este momento: qué consideran indispensable para formar un círculo de confianza y qué quisieran desarrollar al aplicar estos principios y prácticas.

Cerrar el círculo

El capítulo V también explora la metáfora de las estaciones para dar una base común a los círculos de confianza de larga duración. Para concluir esta sesión, pide que cada uno considere la siguiente pregunta: «¿En qué estación me encuentro en estos momentos?». Propón que quienes lo deseen compartan sus ideas mientras se cierra el círculo.

Otras posibilidades para este capítulo

1. En la web del Center for Courage & Renewal (www. couragerenewal.org) dispones de más información sobre círculos de confianza de larga duración basados en las estaciones del año.

2. Lee en voz alta el artículo de la estación que corresponda a la época del año del capítulo VI de *Deja que tu vida hable*. A continuación invita a los participantes a escribir en su diario lo que estas preguntas les sugieran:

   • ¿Qué preguntas o imágenes me ofrece esta estación?

   • ¿Qué me dice este artículo?

   • ¿Qué puedo aprender de esta estación?

Capítulo VI. La verdad dicha a escondidas: la fuerza de la metáfora (pág. 129)

Bienvenida y reflexión

En este capítulo se explica el uso de la metáfora para facilitar el acceso a todo lo relativo a la vida interior. Este método, que está en el núcleo de los círculos de confianza, depende de una esmerada selección de terceros elementos tales como poemas, historias, obras de arte o música. Abre esta sesión con el video 7, «La base común y los terceros elementos» (5:15 minutos), para escuchar la explicación de esta práctica.

Piedras de toque

Lee las piedras de toque del círculo de confianza (página 278).

Compartir en grupo

El capítulo VI ofrece muchos ejemplos e ideas para trabajar a partir del relato de «El tallador de madera», sin embargo, la experiencia de abordarlo en grupo permite trabajar con mayor profundidad y supera con creces lo que pueda aportar su simple lectura. Por lo tanto, ofrece la experiencia de lo que el tallador de madera llama un «encuentro vital» tal como se describe en este capítulo. Antes de empezar la sesión, lee de nuevo el capítulo, con esta guía detallada para trabajar con «El tallador de madera».

Lee esta historia en voz alta (pág. 138) para crear el ambiente de reflexión y establecer el ritmo del tiempo que vais a estar juntos. Después sigue las propuestas de las páginas 133 y siguientes, empezando el debate con estas preguntas:

- ¿Cómo te afecta esta historia?
- ¿En qué se parece a tu vida en este momento?

A continuación, hablad de cada frase, con las preguntas que Palmer propone para guiar el trabajo de redacción o conversación, o elabora tus propias preguntas para la exploración.

Cerrar el círculo

Invita a los participantes a compartir alguna idea que tuvieran mientras escribían sobre «El tallador de madera». Pregunta:

- ¿Qué es lo que más te ha impresionado del relato?
- ¿Qué fue para ti lo más significativo de esta sesión?

Otras posibilidades para este capítulo

1. Ved juntos el video 9, «El trabajo interior puede cambiar el mundo exterior» (4:29 minutos).

2. Propón a los presentes que escriban sobre preguntas como las siguientes, y después lo compartan en grupos de dos o tres:

    - ¿Cuál es mi soporte de campana?
    - ¿Quién es el «príncipe» de tu vida?
    - ¿Cuáles son los árboles?
    - ¿Qué preguntas me suscita este relato?

3. Trabaja del mismo modo con otra historia o poema, alguno que te hable. Considera estas dos posibilidades de *Teaching with Fire*: «The journey»,[*] de Mary Oliver (pág. 59 del original inglés) o «Sweet darkness»,[**] de David Whyte (pág. 83 del original inglés).

---

[*] Un día, por fin supiste / lo que tenías que hacer, y empezaste, / aunque las voces de tu alrededor / siguieron gritándote sus malos consejos... / pese a que toda la casa /empezó a temblar / y sentiste ese viejo tirón en los tobillos. / "¡Arréglame la vida!" / gritaba cada una de las voces. / Pero no te detuviste. / Sabías lo que tenías que hacer, /aunque el viento hurgaba / en todos los cimientos / con sus agarrotados dedos, / pese a que su melancolía era terrible. / Ya era tarde, / una noche desapacible, / y el camino estaba cubierto de ramas caídas y piedras. / Pero poco a poco, / al dejar sus voces atrás, /las estrellas empezaron a arder / a través de las nubes rasgadas, / y ahí había una voz nueva /que reconociste como tuya, /que te acompañó / mientras descendías / a las profundidades del mundo / decidido a hacer / lo único que sabías hacer, / decidido a salvar / la única alma que podías salvar.

[**] Cuando están cansados tus ojos /está cansado también el mundo. / Cuando tu visión se ha ido / no existe lugar del mundo que te pueda encontrar. / Dirígete hacia la oscuridad, / donde la noche tiene ojos / para reconocer a aquellos que le pertenecen. / Ahí puedes estar seguro / que no estás fuera del alcance del amor (http://neurosinergia.blogspot.com.es/2011/04/poemas-de-david-whyte-en-espanol.html).

Capítulo VII. Lo profundo le habla a lo profundo: aprender a hablar y escuchar (pág. 157)

Bienvenida y reflexión

Este capítulo explora formas de hablar y escuchar en el círculo de confianza, siguiendo pautas que suelen ser muy distintas a las de las conversaciones cotidianas, y distingue entre habla instrumental y habla expresiva. Empieza con el video 6, «Características del Círculo de confianza» (5:17 minutos).

A continuación, invita a los participantes a que dediquen entre diez y quince minutos a escribir en su diario; proponles que escriban sobre alguna ocasión en que alguien intentó aconsejarlos o «arreglarles» su problema —o en que ellos intentaron hacer lo mismo con otra persona—. ¿Cuál fue el resultado?

Piedras de toque

Lee las piedras de toque del círculo de confianza (página 278).

Compartir con el grupo

En este capítulo también se señala la fuerza de explorar la verdad a través de nuestras propias historias. Invita, pues, a los presentes a que compartan historias personales de las reflexiones que han anotado en sus diarios.

Cerrar el círculo

Después de compartir ideas, sentimientos o percepciones sobre el tiempo que habéis estado juntos, lee el poema

«El amor después del amor» (pág. 125) e invita al grupo a reflexionar en voz alta sobre qué significa «Celebra tu vida».

Otras posibilidades para este capítulo

1. Aunque hayas utilizado el poema «El amor después del amor» para concluir la sesión, te proponemos que ahora consideres la posibilidad de utilizarlo como tercer elemento. Es un poema muy rico para trabajar de modo similar a como lo hiciste con «El tallador de madera» en una sesión anterior. Puedes leer de nuevo el capítulo VI, prestando especial atención a lo que se dice sobre los terceros elementos y a las sugerencias para trabajar con el poema. Pregunta a los miembros del grupo, como Palmer sugiere en este capítulo: «¿Qué representa esta historia para ti? ¿Cómo se entrecruza con tu vida en este momento? ¿Hay alguna palabra, frase o imagen que refleje directamente tu situación?».

2. Para profundizar en el arte de escuchar, te proponemos que trabajes con cualquiera de estos poemas de *Leading from Within*: «Listening», de William Stafford (pág, 48 del original inglés), «How do I listen», de Hafiz (pág. 176) o «When Someone Deeply Listens to You» (pág 220). En la página 287 de ese libro encontrarás sugerencias para formular preguntas.

Capítulo VIII. Vivir las preguntas: experimentos con la verdad (pág. 179)

Bienvenida y reflexión

En este capítulo se explica el proceso de discernimiento de las comisiones de claridad, una práctica esencial para la formación del círculo de confianza. Muéstrale al grupo el video 8, «El comité de claridad» (6:45 minutos), donde se hace un claro resumen de este proceso. Propón unos minutos de silencio para reflexionar sobre las ideas y el espíritu de esta práctica cuáquera.

Piedras de toque

Lee las piedras de toque del círculo de confianza (página 278).

Compartir con el grupo

Las comisiones de claridad exigen que abandonemos la pretensión de que sabemos lo que más le conviene a otra persona. En su lugar, hacemos preguntas sinceras y abiertas que puedan ayudarla a encontrar sus propias respuestas. Las preguntas de este tipo requieren práctica; por lo tanto, antes de que tu grupo decida formar una comisión de claridad real, dales a los participantes la oportunidad de que desarrollen esta destreza.

Primero, lee en voz alta las orientaciones para hacer preguntas sinceras y abiertas (pág. 183). A continuación, pídele a un voluntario que le proponga al grupo un tema para tratar en la comisión de claridad. Dado que la mayoría de los presentes participan ahora por primera vez en este proceso y lo más probable es que cometan errores, conviene que el tema sea real para la persona foco pero no excesivamente personal, por ejemplo: «¿Cuál es el mejor diseño para un nuevo curso que tengo en mente?» o «¿Cuál podría ser mi siguiente proyecto literario?». Normalmente, las comisiones de claridad se utilizan para explorar los dilemas más profundos de nuestra vida: problemas familiares o laborales, relaciones difíciles o una especial preocupación por nuestro modo de vida. Pero, en esta situación, tu objetivo es ofrecerle al grupo la oportunidad de practicar sin que la persona voluntaria se sienta vulnerable.

El voluntario expone su dilema, y después los demás redactan preguntas en sus diarios. A continuación se hacen las preguntas, una después de otra, y el grupo puede comentar sobre si es una pregunta sincera y abierta y, de no serlo, por qué no lo es y cómo se podría mejorar. El voluntario no ha de responder las preguntas; la finalidad aquí es aprender a precisar preguntas sinceras y abiertas, no ocuparse del problema. Pero puede ocurrir que el voluntario sea especialmente sensible a preguntas que puedan parecer agresivas o que intenten «dirigir», por lo que conviene que siempre se sienta invitado a hablar.

Pide que alguien del grupo escriba las preguntas para la persona foco a fin de que esta las pueda utilizar en su diario o para reflexionar. Al terminar esta sesión invita a los participantes a reflexionar sobre lo que hayan observado al intentar hacer preguntas de este tipo: qué fue lo que más les costó y qué aprendieron al formularlas. Aprender a hacer preguntas sinceras y abiertas es difícil, pero desarrollar esta habilidad puede contribuir a fortalecer muchas relaciones y a profundizar en ellas.

Cerrar el círculo

Para terminar, lee en voz alta la historia de Virginia Shorey, desde el párrafo que comienza por «Pero nunca es demasiado tarde» (pág. 203). Después invita a los presentes a que compartan sus ideas o reflexiones sobre esta sesión del círculo.

Otras posibilidades para este capítulo

Los miembros de tu grupo ya entienden ahora la necesidad de atención y habilidad, por lo que pueden decidir si se sienten preparados, dispuestos y capaces de dirigir auténticas comisiones de claridad. El número de voluntarios necesarios para actuar de persona foco, si todos quieren participar, depende del tamaño de tu grupo: cada comisión necesita un mínimo de cuatro miembros y un máximo de seis.

Parte de tu trabajo como líder consiste en asignar a los miembros a las comisiones y pedirle en privado a la persona foco los nombres de aquellos que no desee que formen parte de su comisión, dejando claro que no tienes por qué saber sus razones. También deberás disponer espacios privados adecuados para que se reúnan simultáneamente las distintas comisiones. Antes de que estas se reúnan, pídeles a los participantes que repasen detenidamente el capítulo VIII, para cerciorarse de que entienden los principios y prácticas básicos y se pueden comprometer a aplicarlos. En la página 189 encontrarás un modelo de horario para la comisión; utilízalo para fijar un horario que repartirás a los de tu grupo, para que les sirva de guía pautada a lo largo de la sesión.

La sesión necesitará un total de tres horas: una para que el líder prepare al grupo para su trabajo y este se ocupe de las preguntas y los intereses y otras dos para la reunión de la comisión de claridad. Para empezar la primera hora, repasa el video 14 «El comité de claridad con mayor detalle» (25:49 minutos), donde encontrarás instrucciones para seguir paso a paso el proceso. Después de ver esta sección con el grupo, debatid cualquier pregunta o asunto que los miembros del grupo deseen, recordándoles, justo antes de que las comisiones de claridad empiecen, la regla fundamental de la «doble confidencialidad».

Cuando terminen las comisiones, concluye esta sesión. Convendría dedicar cierto tiempo a preparar el próximo encuentro, con un pequeño avance del proceso —nunca del contenido— para que todos los participantes profundicen en su comprensión de lo que aprendieron de este proceso.

Capítulo IX. De la risa y el silencio: unos compañeros de cama no tan extraños (pág. 205)

Bienvenida y reflexión

El silencio y la risa son ingredientes esenciales del círculo de confianza, como lo son de cualquier relación humana significativa. Utiliza esta sesión para reflexionar con los participantes sobre el papel que el silencio y la risa desempeñan en su propia vida y en su experiencia de este grupo.

Dado que el silencio es uno de los temas de esta sesión, empieza invitando al grupo a compartir cinco minutos de silencio. Pasados estos, propón a los presentes que escriban en sus diarios sobre una o más de las siguientes preguntas:

- ¿Cómo describirías tu propia relación con el silencio o la risa (o ambos)?
- Habla de alguna ocasión en que el silencio o la risa fueron un elemento positivo de tu vida comunitaria o personal. Habla de otra ocasión en que su impacto fuera negativo.
- ¿Cuál ha sido tu experiencia del papel del silencio o la risa en este grupo?

Piedras de toque

Lee las piedras de toque del círculo de confianza (página 278).

Compartir con el grupo

Divide a los presentes en grupos de tres durante cuarenta y cinco minutos. Cada persona dispone de cinco minutos para compartir lo que desee de su diario y, después, recibir las preguntas sinceras y abiertas de sus dos oyentes.

Cerrar el círculo

Lee el poema «I Believe in All That Has Never Been Spoken»,* de Rainer Maria Rilke, en *Teaching with Fire* (pág. 177 del original en inglés), u otro que tú decidas relacionado

---

* Creo en todo lo que aún no se ha dicho nunca. / Quiero liberar lo que aguarda dentro de mí / para que aquello que nadie ha osado desear / pueda brillar con claridad / sin que yo lo disponga. / Si es arrogancia, Dios, perdóname, / pero es lo que necesito decir. /Quisiera que lo que hago fluya de mí como un río / sin forzarlo ni volviendo atrás, / como hacen los niños. Y así, en estas crecidas y bajadas de la corriente, / con estas olas que surcan el lecho y desaparecen, /te cantaré como nadie lo ha hecho, /fluyendo por canales que se van ensanchando / hasta llegar al mar (ver el original inglés en http://www.poetry-chaikhana.com/blog/2011/01/14/rainer-maria-rilke-i-believe-in-all-that-has-never-yet-been-spoken/).

con estos temas. Para terminar, compartid brevemente lo que la sesión ha significado para cada uno.

Otras posibilidades para este capítulo

1. Todos tenemos una relación distinta con el silencio y quizás también diferente capacidad para vivirlo. Pero la devaluación del silencio en nuestra cultura significa que la mayoría necesitamos desarrollar la habilidad de estar callados. Invita a los participantes a analizar qué significa el silencio para ellos y a que mantengan un «diálogo con el silencio» en sus diarios, que puede ser algo así:

   Yo: ¿Dónde has estado, silencio? Te he echado de menos en mi vida.

   Silencio: Siempre estoy a tu disposición, esperando a que me invites a entrar en tu vida. Pero hace mucho tiempo que no sé nada de ti. ¿Por qué?

   Yo: Quise hacerlo, pero lo fui posponiendo. ¿Por qué me da miedo sosegarme?

   Deja que sigan escribiendo en el diario veinte minutos, para que se despliegue el diálogo. Después, invítalos a volver al círculo a compartir lo que hayan escrito.

2. Si quieres seguir explorando el silencio, puedes utilizar el poema «A callarse»,[*] de Pablo Neruda, en *Estravagario*. En su comentario sobre el poema,

---

[*] Ver http://enverso62.blogspot.com.es/2013/04/pablo-neruda.html.

Catherine Gerbert dice que el silencio de Neruda «no es el silencio del aislamiento sino el que nos une a la comunidad». Invita a los presentes a escribir sobre los dos tipos de silencio, basándote en su propia experiencia de uno y otro.

Capítulo X. La tercera vía: la no violencia en la vida cotidiana (pág. 225)

Cuando te dispongas a trabajar con este capítulo, piensa en las posibilidades que tienes por delante. La experiencia del círculo de confianza que ha tenido tu grupo puede apuntar a nuevas posibilidades. Es probable que algunos participantes deseen seguir reuniéndose de forma regular, para estudiar libros afines. Otros tal vez quieran compartir este tipo de reuniones con otras personas, iniciando nuevos grupos de estudio con gente interesada. Otros querrán apuntarse a algún retiro de los círculos de confianza a través del Center for Courage & Renewal, un retiro destinado no a preparar facilitadores, sino a profundizar en la experiencia que las personas han tenido de los principios y las prácticas del proceso.

Bienvenida y reflexión

Para empezar, lee en voz alta el apartado sobre una «tercera vía» para responder a la violencia (pág. 229). Dales a los participantes unos minutos para que recuerden alguna ocasión en que reaccionaron de este modo a una situación difícil y después cinco o diez minutos más para que lo escriban en sus diarios.

Piedras de toque

Lee las piedras de toque del círculo de confianza (página 278).

Compartir con el grupo

Invita a los participantes a que, en grupos de tres y durante treinta minutos, compartan sus historias y reflexiones sobre la «tercera vía». Cada miembro de estos grupos dispone de diez minutos para compartir lo que desee de su reflexión y lo que haya escrito, evitando cualquier conversación *ping-pong*. Si alguien del grupo no agota los diez minutos, pide a los otros dos que empleen el tiempo restante en hacer preguntas sinceras y abiertas.

Cerrar el círculo

Finalizados estos grupos de tres, invita a todos a compartir su experiencia en el grupo mayor. Primero pídeles que reflexionen en voz alta sobre cómo podrían llevar lo que saben de los círculos de confianza a su vida personal y profesional. Después, concluye con reflexiones o celebraciones sobre lo que este tiempo que han pasado juntos en un círculo de confianza ha significado para ellos y termina la sesión con el video 11, «No violencia en la vida diaria» (4:46 minutos).

Otras posibilidades para este capítulo

1. La idea de la brecha trágica ofrece muchas posibilidades de profundizar en el análisis. Si quieres dedicar más tiempo a la reflexión, lee los pasajes sobre la brecha trágica y las consecuencias a menudo dolorosas de que se nos parta y abra el corazón (pág. 235).

A continuación, ved el video 10, «Permanecer en la brecha trágica» (5:15 minutos). Anima a los participantes a que piensen durante un rato en las brechas trágicas de su vida y luego dediquen quince minutos a escribirlo en sus diarios. Para el trabajo de redacción, utiliza de pauta preguntas como las siguientes:

- ¿Cuáles son las brechas trágicas de tu vida, en casa, en el trabajo, en tu comunidad?
- ¿Cómo definirías las tensiones que te producen estas brechas?
- ¿Qué es lo más difícil de estar en la brecha, aguantando con fe la tensión? ¿Qué nos ayuda a soportarla?
- ¿Cómo proteges tu espíritu cuando te encuentras en la brecha trágica?
- ¿Conoces a alguien que ejemplifique, mejor que la mayoría, cómo hay que estar en la brecha trágica? ¿Cuáles son las cualidades de esta persona que le permiten hacerlo?

Después de escribir en el diario, invita a los presentes a compartir sus respectivas reflexiones en el círculo.

2. Lee en voz alta la historia de John Woolman de la página 242, y propón que debatan en grupo cómo esta historia ejemplifica la idea de la brecha trágica. Estas son algunas preguntas posibles para el debate:

- En la historia que leímos, Woolman, un sastre, «recibió de Dios la revelación de que la esclavitud era abominable y que los Amigos cuáqueros debían liberar a sus esclavos». ¿Has tenido alguna vez la revelación de que debías oponerte a los usos de tu comunidad? ¿Qué carácter tuvo esa revelación, y qué hiciste al respecto? ¿Qué has descubierto sobre lo que te sostiene, lo que te da vida, mientras aguantas las tensiones y la complejidad en la brecha trágica?

- ¿En tu vida, en tu corazón y tu alma, cuáles son los problemas que hoy pudieran requerir este tipo de entrega y disciplina?

TERCERA PARTE

LLEVAR EL TRABAJO INTERIOR A NUESTROS MUNDOS EXTERIORES

No puedes proclamar lo que no llevas en el corazón.

CHARLIE PARKER

Has vivido la experiencia de un grupo de estudio literario en un círculo de confianza, basado en las ideas de *Una plenitud oculta*, por lo que es posible que tú mismo y los miembros de tu grupo estéis explorando activamente la pregunta: «¿Cómo llevamos estos principios y prácticas a nuestra vida fuera del círculo?». Esta pregunta tiene muchas respuestas. De hecho, cuando hemos vivido esta forma de estar con otras personas, es difícil volver a la «normalidad» en cualquier relación.

Para llevar esta forma de ser y estar al mundo exterior no es necesario elaborar ningún programa ni dirigir ningún retiro. Basta con que nos propongamos hacer de otra manera lo que ya hacemos. En las reuniones de empresa, por ejemplo, podemos hacer preguntas sinceras y abiertas para intentar comprender el punto de vista de otra persona, en lugar de limitarnos a objetar. Con nuestros hijos o nuestros alumnos, podemos escuchar más atentamente y hacer preguntas en lugar de dar respuestas, además de responder a *sus* preguntas con curiosidad, no con actitud crítica.

Este tipo de conductas pueden dar nueva vida a los grupos, a las instituciones y a las propias personas, porque ayudan a generar confianza, y todo trabajo colectivo produce mejores frutos si quienes lo realizan confían unos en otros. En todas las situaciones nos podemos preguntar: «¿Mis palabras y mis actos mejoran la confianza relacional o la socavan? ¿Acojo el alma de las personas con las que estoy?», unas preguntas que solo se pueden hacer quienes han aprendido a acoger su propia alma.

En los últimos diez años hemos facilitado círculos de confianza, y a menudo les hemos preguntado a los participantes: «¿En qué te ha hecho cambiar tu experiencia? ¿Qué haces ahora de forma diferente?».

Las que siguen son algunas de las respuestas que hemos recibido (incluidas las nuestras) en palabras de los propios participantes. Al concluir esta guía, ofrecemos estas historias con la esperanza de que imagines –e imaginen las personas de tu círculo– cómo se puede llevar la experiencia de un círculo de confianza al mundo mientras seguimos viviendo «en la cinta de Moebius».

Dichosa en un mundo imperfecto

Sally Z. Hare, profesora y facilitadora de *Courage*, se siente capaz de vivir la vida con más atención y propósito, más claridad y conciencia:

En lo que digo, lo que hago y lo que «soy», tengo mayores propósitos. Sea que prepare la cena, pasee al perro o escriba un artículo, veo y siento la diferencia en cómo hago las preguntas, escucho, me creo espacio y protejo mi propio espíritu en el día a día. Presto mucha atención a mis relaciones para propiciar que sean positivas, cariñosas y se desarrollen en un ámbito de crecimiento personal mutuamente beneficioso.

Otro cambio importante es una mayor claridad sobre qué acepto e, igualmente importante, qué rechazo. Parte de esta forma de vivir es reconocer la abundancia que hay en mi vida, reflexionar sobre ella y mostrarme agradecida. Veo con más claridad qué me vivifica y qué no. Acepto, incluso agradezco, que vivir en la brecha trágica sea consustancial a ser humano en este mundo. Siempre veo diferencias entre la realidad y cómo pueden ser las cosas, pero no me desespero. Mi tarea está en esa brecha y en resistir los dos extremos de la paradoja de la vida. Ya no me abruma como solía hacerlo. No es que ya no existan las brechas: siempre están ahí. Pero tengo mayor capacidad de ser feliz en el caos y aceptar la paradoja. Amo mi vida. Amo lo que hago. Amo ser quien soy aquí y ahora. Amo estar en este mundo imperfecto.

La metáfora del cuenco tibetano

Ruth Shagoury, profesora de pedagogía y escritora, ha encontrado formas de incentivar la comunidad en sus clases, fomentando las historias personales, compartiendo poemas y creando espacio para el silencio. Aunque reconoce que las condiciones de trabajo en la enseñanza superior siguen siendo difíciles, ahora ella misma se implica en el aula, sin perder nunca el sentido lúdico ni la creatividad:

Siempre me han encantado la poesía y las historias, pero ahora siento como si tuviera permiso para utilizarlas en clase. Lo fundamental es conectar lo que enseño con las vidas de los estudiantes, con su maestro *interior*. A llegar a la universidad, los alumnos piensan que se supone que han de escribir con voz académica, fría y ajena; yo los invito a que cuenten una historia con sus propias palabras y basada en su propia experiencia. Así se posibilita la comunidad, y se profundiza en el aprendizaje.

Después del trabajo de *Courage*, enseño a mis alumnos que en mis clases se permite el silencio. Llevo mi cuenco de meditación al aula y lo hago sonar antes de empezar, dejando que resuene hasta que deje de hacerlo. Este cuenco de meditación es una metáfora del trabajo de *Courage*: nos llama pero propicia el silencio, y es el paso que nos lleva a profundizar en la comunidad. Con ese sonido prolongado del cuenco aprendes a sentarte en silencio, esperando a que te llegue. Es una paradoja, a la vez relajante y excitante.

Cuando enseño comprensión lectora, en lugar de hablar del poder que los libros tienen en nuestra vida, empiezo invitando a los alumnos a que hablen de algún libro que les cambió la vida. Una chica se refirió a una época en que no podía permitirse estudiar en la universidad y trabajaba de camarera, pero también leía *Walden dos*; como resultado de esa lectura se unió a una comuna y vivió allí cinco años. Nunca hubiéramos conocido esa faceta suya si ella no hubiese contado esta historia, una historia que demuestra que la lectura cambia la vida.

Utilizo poemas como «Shoulders», de Naomi Shihab Nye (en *Teaching with Fire*), un poema que habla de un hombre que lleva en hombros a un niño por una calle muy concurrida en un día de lluvia. Hago preguntas sinceras, abiertas y evocadoras a mis alumnos, por ejemplo: «¿A quién cargas en tus hombros en este momento?» y «¿A quién llevas en tu trabajo y tu vida?». Después les propongo que hablen de alguna ocasión en que alguien los llevara, cuando eran ellos quienes iban a hombros de otra persona. Luego compartimos lo que se ha escrito. Recuerdo una estudiante que dijo después que nunca había imaginado que pudiera contar una historia como lo hizo, ni que la escucharan como la habían escuchado.

En esa misma clase, había una estudiante un tanto inestable y con la que no era fácil trabajar. En esa sesión, contó que su marido la había abandonado con seis hijos, a quienes sacaba adelante con su sueldo de profesora de secundaria. Señaló que sus colegas cargaron con ella y le llevaban comida, en unos momentos en que pensaba que estaba sola. En su instituto, muchos desconocían lo que le ocurría, pero esos colegas sí lo sabían. Decía que sus alumnos también tienen sus historias, unas historias que a menudo ignoramos. Las historias personales generan compasión y sensibilidad mutuas y hacia los alumnos a quienes servimos. Al contar historias nos movemos de lo general a lo particular, y es aquí donde se produce el auténtico aprendizaje. Y lo que más me apasiona es ver que mis alumnos asimilan estos principios y después los transmiten a sus propios alumnos.

Quisiera poder decir que tengo más consejos para el mundo académico; no es fácil trabajar en la universidad. Hoy acepto que no podemos cambiar completamente la cultura de estas instituciones, pero podemos disponer de mejores herramientas para trabajar en ellas y para analizar nuestras reacciones. Ahora dudo menos de mí misma en la universidad, aunque no tengo la tradicional voz del erudito. Gracias a este trabajo, pueden manifestarse más a menudo mi verdadero yo, mi pasión, mi creatividad y mi sentido lúdico. Ya no me oculto de la clase. Esta es quien soy.

La vida en medio del estanque de los patos

Faye Orton Snyder, pastora protestante y profesora de seminario, piensa que los círculos de confianza han cambiado radicalmente su ministerio. Habla de una nueva sensación de energía y paz, así como un mayor grado de confianza y aceptación en su parroquia. También ha cambiado su forma de trabajar con los seminaristas:

Todo está en el trabajo de *Courage*. Me siento más despierta de lo que nunca he estado. Llevo siempre el depósito lleno, les digo a los amigos. También tengo una sensación de paz en mi vida, porque cumplo mi deseo de silencio, paso más tiempo en la naturaleza y llevo un diario en el que escribo todos los días. Trabajo en mi propia alma.

Después del primer retiro al que asistí, me di cuenta de la importancia que la vulnerabilidad y la honestidad tienen en mi liderazgo. Una parroquia se parece mucho a los adolescentes, que te tantean y provocan hasta que comprueban que eres auténtica y estás vinculada a algo superior. Y cuando lo descubren, te aceptan. Me recuerda aquellos días de mi infancia en que iba a patinar sobre el hielo del estanque de los patos. Mis amigas y yo nos poníamos en la orilla y, si parecía que el hielo no era seguro, no patinábamos hacia el centro. Muchos clérigos actúan de la misma manera en su parroquia: comprueban el estado en la orilla, que parece inestable, y enseguida les asusta el riesgo de patinar hacia el centro, de liderar desde dentro, desde su propia verdad e integridad. Pero quedarse en la orilla, esconderse detrás del papel que nos toca representar, y no implicar a nuestro yo más profundo por el equivocado deseo de protegernos, es lo que nos agota. El ministerio consiste en confiar en tu parroquia y en ti mismo y adentrarte en el centro.

La atención interior a la poesía en los círculos de confianza me ha abierto a un lenguaje más rico en los sermones. Ahora aprecio el silencio, lo he incorporado al servicio litúrgico y les doy a los fieles tiempo para que reflexionen sobre ellos mismos.

Ahora no recurro siempre a medios externos, sino que considero que yo misma soy el mejor recurso para mis sermones. A principios de los años ochenta, en el seminario me enseñaron a predicar de forma deductiva: cuentas una historia y comentas dos o tres cosas, o utilizas lo que yo llamo el sistema de «tragar y escupir»: durante la semana lees todo lo que puedes y, el domingo por la mañana, lo regurgitas. Hoy uso el leccionario de tercer elemento. Hago preguntas sinceras y abiertas a partir del texto, y todo lo que voy a decir sale de ahí y de mi propio maestro interior. Veo los sermones como instrumentos de transformación. No creo que la gente quiera saber más: quiere experimentar algo de lo sagrado. En las clases, les pido a los seminaristas que antes del sermón se sienten dos o tres horas en silencio a considerar el tema del que van a hablar y decidan el texto que van a usar, haciendo preguntas sinceras y abiertas a partir del texto y buscando historias parecidas en su propia vida, para que su sermón esté basado en su propia verdad. A veces les pido que tomen sus notas y nos hablen directamente a los demás. Lo agradecen cuando se dan cuenta de que pueden hacerlo. Con los estudiantes en prácticas, utilizo preguntas sinceras y abiertas, que generan más preguntas, lo cual hace que el trabajo de supervisión sea más ameno.

De lo que más carecen los seminaristas que se inician en el ministerio es de confianza interior en sí mismos. Este sistema les ayuda a encontrar su propia voz. Al finalizar el semestre, les regalo a todos un ejemplar de *Deja que tu vida hable*.

Reuniones para tomar *pizza* y el poder de los espejos

David Hagstrom, líder educativo, asesor, escritor y narrador, utiliza las prácticas aprendidas en los círculos de confianza para intensificar sus propias destrezas de escuchar, reflejar y hacer preguntas. Crea espacios seguros para el alma en un intento de que directivos escolares aislados se unan y se apoyen mutuamente:

Estar inmerso en este trabajo me ha agudizado la capacidad de escuchar, en especial a través de preguntas sinceras y abiertas, y de servir de espejo a los demás y orientarlos en mis relaciones cotidianas. No lo puedo evitar, no importa con quién me encuentre: pregunto. Siempre he sido un constructor de la comunidad (llevo haciéndolo más de cincuenta años), pero, de haber conocido esos círculos antes, hubiera sido mucho más eficiente. Empecé a darme cuenta de que cuando en una conversación veo alguna dificultad, un callejón sin salida o algún problema, me siento presionado a ofrecer mi mejor consejo, el mejor que pueda darle a la otra persona. Después fui consciente de que le hago mucho mayor favor si me limito a reflejar, como un espejo, lo que he escuchado y visto. Comencé a hacerlo así, y desde el primer momento me sorprendió escuchar: «Nunca nadie hizo jamás algo así por mí: prestarme este espejo». Luego, la gente volvía y me decía: «Aquel espejo en el que me mostraste lo que viste y escuchaste seguramente es lo que más me ha servido para ir resolviendo mi problema».

Para mí, en mis cincuenta años de liderazgo educativo, nada ha funcionado tan bien. Admiramos el modelo de grandes líderes, fuertes y robustos, pero, en lo que se refiere a empujarnos a avanzar por nuestro propio camino, lo único que he descubierto que realmente funciona es esta práctica. Desde que me incorporé a la comunidad de *Courage*, ya no intento implicar a otros compartiendo buenas ideas ni haciendo sugerencias. Me limito a pulir las preguntas, todo un arte en sí mismo, y a implicar a los demás intentando actuar mejor de espejo, con más precisión y cuidado.

Mi amor a los centros educativos del centro de Oregón me llevó a reunir a directores una vez al mes, de 5 a 8 de la tarde, para tomar *pizza* y un poco de vino. Al principio era un simple acto social, aunque yo tenía muy claro que lo de charlar estaba muy bien, pero en aquellas ocasiones también podíamos hacer un poco de «trabajo de círculo». Los directores escolares están muy aislados y se enfrentan a graves problemas todos los días, muchas veces solos. Empezamos con cuestiones sencillas, por ejemplo, cómo hacer preguntas sinceras y abiertas para ayudarnos mutuamente a discernir; después pasamos a las conversaciones típicas del círculo de confianza, y al final les enseñé todo el proceso de la comisión de claridad. Pronto nos dimos cuenta de que necesitábamos más tiempo, así que nos reuníamos todo un sábado y terminamos organizando retiros. En esos encuentros, la gente tenía verdaderas oportunidades para romper el aislamiento que sentían y ayudarse unos a otros de forma que les era sumamente útil.

El discernimiento vocacional en comunidad

Paul Kottke, ministro de la Iglesia Metodista Unida, ha utilizado las comisiones de claridad para tomar decisiones sobre cambios vocacionales y sobre si implicarse más o no en la iglesia nacional. Atribuye su sentimiento de paz a su trabajo en círculos de confianza y explica que los miembros de su parroquia ven en él a una persona nueva:

Para decirlo con palabras cristianas, mi experiencia de los círculos de confianza y las comisiones de claridad me hizo renacer. Estas últimas son un magnífico instrumento para la dirección espiritual, una herramienta que me ha ayudado en mi propio proceso de discernimiento acerca de mi vocación. Me habían pedido que me hiciera cargo de otra iglesia de la misma zona, una iglesia grande. No era lo que deseaba, pero quería respetar el proceso y a las personas, por lo que no sabía qué hacer. Fruto de una comisión de claridad, conseguí explicar a los miembros del equipo que me entrevistó qué haría exactamente si fuera a su iglesia. Supe tratar con ellos sin actitud defensiva, y tanto ellos como yo nos dimos cuenta de que no era el candidato que deseaban.

También estaba sometido a una gran presión para que participara en la organización nacional de la iglesia, una posibilidad que me planteaba muchas dudas. Dije que no muy pronto, aduciendo las obligaciones que tenía con mis hijos pequeños, y en lo más profundo nunca pensé que eso fuera lo que Dios quería que hiciera. Sin embargo, dudaba. En una serie de retiros y poco a poco, conseguí disipar todas las dudas, y llegué a una decisión definitiva. Gracias a la comisión de claridad, vi perfectamente que no tengo vocación para la dirección nacional; mi pasión es por el trabajo espiritual asentado en una comunidad interconfesional como forma de implicar a las personas. Esta es la realidad de mi ciudad, anclada en mi iglesia y en la universidad.

Ese discernimiento me permitió decir un claro no al trabajo nacional y sí a lo que estaba emergiendo. Esta nueva orientación ecuménica no está bien definida y asusta un poco, pero tengo el presentimiento de que en el futuro, cuando vuelva la vista atrás, me daré cuenta de que este ha sido un momento decisivo de mi vida. Ahora mismo no estoy seguro de qué va a ocurrir. Las otras opciones estaban más claras y tal vez eran más seguras, pero no coincidían con lo que me apasiona.

Gracias a estos círculos de confianza, me siento conectado de nuevo con el alma y vivo hoy en un estado de paz. La relación con el alma tiene distintas capas: del alma con el alma, del alma con el rol desempeñado, del alma con el compromiso social. Este trabajo es el que me ha ayudado a articular esta relación. Los fieles me dicen: «Veo en usted algo distinto, una sensación de claridad».

Aceptar la paradoja y la complejidad

Jay Casbon, profesor y rector universitario jubilado, tiene en gran estima la experiencia de preguntar de forma sincera y abierta y escuchar con profunda atención. Ha desarrollado el aprecio por la complejidad de la paradoja y acepta la tensión y la incomodidad como puntos idóneos para el crecimiento personal:

> Como consecuencia de este trabajo, busco formas de profundizar en las conversaciones, en los proyectos, en todo lo que hago. Ante cualquier asunto, me pregunto cuál es su parte más profunda. Doy gran valor al tipo de preguntas que he aprendido a hacer en las múltiples comisiones de claridad en que he participado. Me doy cuenta de que las preguntas sinceras y abiertas también funcionan en las situaciones cotidianas, del mismo modo que lo hacen en las comisiones de claridad. De hecho, la gente que me rodea ni siquiera necesita saber qué hago. Si pregunto debidamente y me concentro en escuchar de verdad, puedo mejorar sea cual sea la situación.
>
> Gracias a este trabajo, también aprecio con entusiasmo la paradoja. Aunque esta suela ir acompañada de mucha tensión, desasosiego y pérdida de claridad, he aprendido, cuando la vislumbro, a aceptarla como espacio intermedio, un punto en que podemos desvanecer la ilusión y alcanzar mayor claridad. Creo que cuando creamos espacios para las conversaciones paradójicas, podemos aceptar e incluso celebrar la complejidad, que suele ser donde está el mayor crecimiento.

El petirrojo y el escarabajo tigre

Caryl Hurtin Casbon, ministra interconfesional y facilitadora, crea espacios para el alma a través de los círculos de confianza:

Los círculos de confianza me han asentado en el «alfabetismo espiritual», el conocimiento de cómo se comunica el alma, de cómo propiciar que hable, acceder a su voz y escucharla. Habla a través de la intuición, o el saber silencioso, que la lectura, la soledad y las preguntas adecuadas propician... si vivimos como el petirrojo. El petirrojo corre unos veinte centímetros, se para, ladea la cabeza, mira y escucha. Si hay comida, la encuentra. Mi alma me da orientación y sustento permanentes, con la condición de que me pare a escuchar, a menudo. Pero vivimos en una cultura que se parece más al escarabajo tigre, el animal terrestre más rápido en relación con su tamaño que se conoce; pero tiene un problema: cuando corre hacia su destino, se queda ciego. ¡Cuántas veces anduve por la vida como si fuera un escarabajo tigre! Pero después de doce años dedicados a los círculos de confianza, el petirrojo y el escarabajo tigre que hay en mí han alcanzado un mejor equilibrio.

Siempre he anhelado una vida interior. Pero antes de descubrir la comunidad de *Courage*, pensaba que tal deseo podía ser autocomplaciente. Hoy entiendo que es una necesidad sana, esencial para mantener bien nutrida mi alma, para que conforme todo lo que hago en el mundo. El tiempo dedicado a la contemplación ayuda a ser consciente de uno mismo, a desacelerar y a tomar decisiones vivificantes. El trabajo de *Courage* me ha enseñado mucho sobre cómo cultivar el amor:

escuchar con profunda atención, respetar y atestiguar a los demás, practicar la no violencia y diversas formas de manejar la complejidad. Ha sido una experiencia que me ha alentado y ha determinado mi vida en muchos sentidos.

Nunca olvidaré la primera vez que me senté en un círculo de confianza facilitado por Parker Palmer: tuve la sensación de que había llegado a casa. Lo que me da este proceso es permiso para hacer aquello que vine a hacer en la vida: crear en la comunidad espacios significativos y sagrados donde las personas puedan conectar y hablar desde el profundo conocimiento de sí mismas. Ser testigo de que esto es lo que ocurre es una bendición, porque nuestro mundo ansía y necesita este tipo de conocimiento, discernimiento y conexión: los círculos de confianza ofrecen prácticas respetuosas y dignas de confianza, así como una comunidad de personas que habla el lenguaje del alma. Esta es la comunidad a la que pertenezco, y aquí está mi casa.

Índice

Créditos (continuación)